TEMPOS
MODERNOS

TEMPOS MODERNOS
arte, tempo, política
JACQUES RANCIÈRE

© n-1 edições, 2021
ISBN: 978-65-86941-40-1

Embora adote a maioria dos usos editoriais do âmbito brasileiro, a n-1 edições não segue necessariamente as convenções das instituições normativas, pois considera a edição um trabalho de criação que deve interagir com a pluralidade de linguagens e a especificidade de cada obra publicada.

COORDENAÇÃO EDITORIAL Peter Pál Pelbart e Ricardo Muniz Fernandes
ASSISTENTE EDITORIAL Inês Mendonça
TRADUÇÃO Pedro Taam
PREPARAÇÃO Flavio Taam
REVISÃO Renier Silva
PROJETO GRÁFICO Érico Peretta
FOTO/CAPA Dziga Vertov, *Um Homem com uma Câmera*, 1929

A reprodução parcial sem fins lucrativos deste livro, para uso privado ou coletivo, em qualquer meio, está autorizada, desde que citada a fonte. Se for necessária a reprodução na íntegra, solicita-se entrar em contato com os editores.

1ª edição | São Paulo | Abril, 2021
n-1edicoes.org

JACQUES RANCIÈRE

TEMPOS MODERNOS

arte, tempo, política

TRADUÇÃO Pedro Taam

n-1
edições

07	INTRODUÇÃO
13	**TEMPO, NARRATIVA E POLÍTICA**
51	**A MODERNIDADE REPENSADA**
89	**O MOMENTO DA DANÇA**
125	**MOMENTOS CINEMATOGRÁFICOS**
156	AGRADECIMENTOS

INTRODUÇÃO

Quando se ousa brandir um título pertencente a um filme e a uma revista igualmente célebres, é sem dúvida necessário dar algumas explicações. A mais simples e mais exata consiste em dizer que, apesar das aparências, o título não é o mesmo. É o uso do plural que faz a diferença. Trata-se de uma figura de linguagem para dizer a época ou a condição moderna. Sartre segue esse uso quando apresenta o primeiro número de *Temps modernes*: ele reclama o engajamento total do escritor com sua "época", concebida como uma totalidade, uma "síntese significante".[1] É no singular que seu texto concorda "tempo" e "época". Aqui é diferente. Este livro não empreende um diagnóstico sobre a modernidade nem um chamado a abraçar seu tempo. Ele se pergunta que montagem de tempo permite lançar esse chamado ou propor o diagnóstico. A referência ao filme de Charlie Chaplin

---

1. Jean-Paul Sartre, *Les Temps modernes*, n. 1, out. 1945, p. 20.

nos ajuda a colocar o problema. De fato, sua dramaturgia se baseia na evidência de um conflito entre duas temporalidades: há o caminhar trôpego do vagabundo, que vai em seu próprio tempo, e o ritmo impiedoso da máquina, que o obriga ao gesto compulsivo do homem que não consegue parar de apertar parafusos e a ver, em alucinação, parafusos em todo lugar. Mas os contemporâneos de Chaplin já se perguntavam: o automatismo dos gestos do vagabundo despreocupado e as cadências infernais da máquina fazem antítese um ao outro? Antes de encarnar a denúncia da era industrial em nome de uma questionável nostalgia de boêmio romântico, Carlitos havia encarnado o exato oposto. A vanguarda artística soviética fez dele o companheiro de Lênin e Edison: o homem de gestos exatos, perfeitamente adaptados à pontualidade da máquina que varreria todas as imundícies do velho mundo. É verdade que os apoiadores dessa vanguarda foram, eles mesmos, chamados de doces sonhadores por aqueles que se acreditavam a verdadeira vanguarda: os dirigentes do Partido Comunista, aqueles que não se preocupavam com a sincronia estética das máquinas e dos gestos, mas esperavam que dali viesse a acumulação de riquezas que seria a base de um comunismo por vir, ao preço de longos esforços e de uma disciplina de todos os instantes.

INTRODUÇÃO

Um movimento contra o outro, uma modernidade contra a outra, uma vanguarda contra a outra: o conflito para saber o que são os tempos modernos não para de se multiplicar. E, na verdade, a questão é mais velha que isso. Em 1847, o *Manifesto Comunista* saudava a obra histórica de uma burguesia que havia preparado o futuro socialista ao liquidar as velhas estruturas e ideologias feudais. Será que Marx tinha então total consciência de que importava, para a revolução coletiva por vir, a tese dos contrarrevolucionários, que denunciavam a ascensão fatal do individualismo moderno? De todo modo, é certo que, alguns anos antes, ele havia proposto uma análise bastante diferente das relações entre passado, presente e futuro: se a revolução devia acontecer na Alemanha, era em razão de seu atraso, em razão, mais precisamente, do descompasso entre o avanço da filosofia alemã e o atraso das estruturas feudais e burocráticas do país. Na mesma época, na América, Ralph Waldo Emerson também propunha um diagnóstico de descompasso e invocava o poeta por vir, que saberia preencher a lacuna entre o desenvolvimento material de seu país e sua enfermidade de espírito. E é nesse próprio atraso, no fato de que a América moderna ainda estava, em matéria de civilização, em tempos pré-homéricos, que ele via a possibilidade do surgimento desse poeta.

Sabemos como Walt Whitman vestiu a toga do novo Homero e deu, aos revolucionários por vir, o modelo de uma poesia que se baseava na prosa do cotidiano. Posteriormente, suas compatriotas Loïe Fuller e Isadora Duncan desempenhariam o papel de mênades da era da eletricidade e ressuscitariam, para uma dança do futuro, os movimentos figurados em antigos vasos gregos. Em sequência, Dziga Vertov encarregou três bailarinas de sintetizarem, sobre a tela, os movimentos da jornada de trabalho comunista somente para ver, no ano seguinte, seu colega e rival Eisenstein opor, à sua moderna sinfonia das máquinas, um mitológico casamento do touro, muito mais apropriado, segundo ele, a simbolizar o dinamismo coletivo dos tempos novos.

Poderíamos alongar a lista de contradições e paradoxos com os quais todo discurso sobre a modernidade nos confronta. Mas esta lista já é suficiente para nos confirmar o seguinte: não há tempo moderno, mas *tempos* modernos, maneiras frequentemente diferentes e por vezes contraditórias de pensar o tempo da política ou da arte moderna em termos de avanço, recuo, repetição, parada ou encavalamento de tempos; maneiras diferentes ou contraditórias de agenciar as temporalidades das artes do movimento, suas continuidades, seus cortes, seus reajustes e suas retomadas, para produzir obras que respondam às condições do presente e às exigências do futuro. É desse entrelaçamento e desses conflitos de temporalidades que escolhi falar para dar coerência a esse ciclo de conferências proferidas por iniciativa de amigos e amigas de diversos países da ex--Iugoslávia. Em Escópia, questionei a maneira com que o tempo da política é contado, e procurei repensá-lo não mais como uma linha esticada entre um passado e um futuro, mas como um conflito sobre as distribuições das formas de vida. Em Novi Sad, tentei redefinir, a partir desse conflito, o que se deveria entender sob a equivocada expressão "modernidade artística". Em Zagreb e Sarajevo, analisei a maneira pela qual o cinema, para falar de seu tempo, combinou as temporalidades heterogêneas da narrativa, da performance e do mito. Foi-me proposto, então, pelo Multimedijalni Institut de Zagreb, publicar um volume baseado nessas três falas. Pareceu-me natural juntar a elas outra fala, "O momento da dança", proferida em outro lugar, mas cujos temas e questões estavam fortemente em consonância com o que é tratado aqui. Duas dessas conferências foram escritas inicialmente em inglês. Duas outras tiveram uma versão em inglês e outra em francês. E foi em inglês que a versão original deste livro foi publicada em Zagreb, em 2017, sob o título de *Modern Times: Essays on Temporality in Art and Politics*. Éric Hazan manifestou, então, o desejo de publicar uma versão francesa. Traduzir para sua língua materna textos que foram escritos em uma língua estrangeira é um exercício suportável apenas sob a condição de fazer de si um tradutor infiel. Portanto, não verti simplesmente o texto inglês para um equivalente em língua francesa. Aproveitei a oportunidade para reescrever várias passagens e operar diversas transformações. Trata-se, portanto, de um livro fiel a seu original, mas novo em sua formulação, este que os leitores franceses têm em mãos. Todas aquelas e todos aqueles que permitiram que ambas as versões viessem a existir encontrarão, no fim do livro, meus mais calorosos agradecimentos.

Paris, fevereiro de 2018

TEMPO, NARRATIVA E POLÍTICA

"Houve história, mas não há mais." É nesses termos que Marx resumia o método de Proudhon que, segundo ele, transformava as categorias econômicas em noções eternas. Proudhon pretendia extrair de uma justiça atemporal os princípios de uma troca equilibrada entre os agentes do processo econômico. Marx lhe opunha uma justiça que era produto da história, o objetivo que deveria ser alcançado pelo desenvolvimento histórico das relações de produção e de troca. Nosso tempo parece ter virado contra o próprio Marx essa crítica. Ele nos ensina que a História, que ele opunha ao adorador *naïf* da justiça eterna, é ela mesma *uma história*: a ficção de um desenvolvimento temporal orientado por um fim por vir, a grande narrativa de uma injustiça infligida a uma vítima universal e de uma justiça a ela prometida. Somos convidados a constatar que essa história não existe mais, que a realidade do tempo em que vivemos efetivamente encerrou sua época.

Retornarei adiante às consequências que nossos contemporâneos acreditaram poder tirar daquilo que chamaram de "fim das grandes narrativas". Primeiramente, eu gostaria de frisar a maneira comum com que a crítica marxiana e a crítica do marxismo colocam em cena o tempo: como princípio de realidade (é apenas a partir de um ponto situado no tempo que pensamos em categorias atemporais); como princípio de racionalidade (o que temos diante de nós como realidade bruta é compreendido apenas uma vez que é articulado em um encadeamento temporal de causas e efeitos); e como ator que restitui certa justiça: para uns, esse ator recusará as realidades pretensamente objetivas e categorias ditas eternas; para outros, recusará as promessas ilusórias que se quis vê-lo cumprir. Voltarei a falar sobre o que essa dramaturgia implica e o que ela repele, mas agora é preciso demarcar um ponto preliminar: essa dramaturgia, comum tanto à reivindicação de uma ciência da história quanto à sua denúncia, remete a um certo tipo de racionalidade, a racionalidade ficcional.

Como já disse muitas vezes, a ficção não é a invenção de seres imaginários, mas uma estrutura de racionalidade. É a construção de um enquadre no qual sujeitos, coisas e situações são percebidos como pertencentes a um mundo comum, e no qual acontecimentos são identificados e conectados uns aos outros em termos de coexistência, sucessão e causalidade. A ficção é necessária onde quer que certo senso de realidade precise ser produzido. É por isso que a política, as ciências sociais e o jornalismo se utilizam de ficções tanto quanto romancistas ou cineastas. Essa racionalidade ficcional sempre se remete a um núcleo fundamental, o da justiça do tempo: uma ordem causal segundo a qual os acontecimentos se encadeiam e em torno da qual as situações se reviram; um processo de desvelamento no qual os sujeitos tomam consciência desse encadeamento e experimentam essas reviravoltas. Essa estrutura matricial, que relaciona acontecimentos que se encadeiam, situações que se reviram e os sujeitos que sentem esses efeitos e os conhecem, embora remonte a tempos antigos, uma vez que foi fixada no Ocidente pela *Poética* de Aristóteles, ainda nos permite compreender e questionar a maneira comum pela qual tanto a ciência da história quanto o discurso que proclama sua aniquilação pensam a relação entre tempo e justiça.

O fato é que, desde a queda do Império Soviético, as descrições dominantes do tempo presente são de um positivismo bastante rudimentar: sob diversos rótulos ("fim da utopia", "fim das grandes narrativas" etc.) e sob formas mais ou menos sofisticadas, essas descrições estabeleceram um corte mal feito entre duas temporalidades. O que teria desaparecido com o colapso da União Soviética não seria apenas um sistema econômico e estatal, tampouco um período histórico marcado por esperanças revolucionárias. O que teria desaparecido é certo modelo de temporalidade: justamente o modelo de um tempo movido por um processo de desvelamento de uma realidade e por uma promessa de justiça. Agora, o que restaria é a mera realidade de um tempo despojado de todo conteúdo imanente e reconduzido a seu curso ordinário. Mesmo esse curso ordinário se presta a descrições e diagnósticos diversos. Nossos governos e as mídias dominantes saúdam a era enfim chegada de uma gestão especializada do presente e de seus desdobramentos imediatos, calculando as chances de prosperidade oferecidas por medidas tomadas pelos seis meses seguintes e destinadas a serem verificadas nesse mesmo período. Intelectuais desencantados enxergaram nesse ponto a realidade sombria de um tempo pós-histórico, caracterizado pelo reinado absoluto do presente, um presente ocupado pelo consumismo e a comunicação. De qualquer maneira, o otimismo oficial e o catastrofismo que pairava no ar partilhavam da mesma visão: a de um tempo que havia dito adeus às grandes esperanças e às desilusões amargas de um tempo histórico orientado por uma promessa de justiça. Não sem sucesso, um historiador cunhou o termo "presentismo" para se referir a essa nova relação com o tempo.[1]

No entanto, logo ficou claro que esse presente declarado absoluto não havia rompido muito bem com as paixões nutridas pelo peso do passado ou pelas promessas do futuro. Rapidamente os países liberados do império comunista do futuro se viram afetados pelo retorno das grandes narrativas nacionais e de ancestrais conflitos étnicos e religiosos. Mesmo os pacíficos Estados ocidentais viram regressar histórias que pareciam esquecidas: histórias de ameaças representadas por pessoas de raças, cores e religiões diferentes. Mas é também no coração da racionalidade econômica que o pretenso reino do puro presente se declararia como uma guerra entre o peso do passado e as exigências do futuro. De fato, não tardamos em descobrir que a gestão especializada e realista do livre mercado exigia, ela mesma, sacrifícios no presente para garantir

---

[1]. François Hartog, *Regimes de historicidade: Presentismo e experiências do tempo*. Trad. Andréa S. de Menezes; Bruna Breffart; Camila R. Moraes; Maria Cristina de A. Silva; Maria Helena Martins. Belo Horizonte: Autêntica, 2013.

a prosperidade por vir ou para evitar a catástrofe iminente: sacrifícios que concerniam particularmente àquelas pessoas cujo tempo de trabalho se traduzia em um salário mensal e que geralmente esperavam se aposentar depois de certa idade e certo tempo de trabalho. A simples oposição entre as ilusões do passado e as duras realidades do presente foi então novamente questionada por uma divisão nesse próprio presente. É claro que podemos ver nisso a eterna mentira dos dominantes e concluir que "o fim das grandes narrativas" não era nada além da narrativa necessária para assegurar a permanência da exploração, mas explicações em termos de "mentiras" nunca bastam. Parece-me mais útil levar a sério esse conflito dos tempos, porque o que funda a permanência da dominação – e que também é simultaneamente comum ao tempo das "grandes narrativas" e àquele que pretende aboli-lo – é uma divisão no próprio tempo. Digo isso porque o tempo não é simplesmente uma linha tensionada entre dois pontos, passado e futuro, linha essa que podemos carregar de promessas ou despir, remetendo-a à própria nudez. O tempo é também uma distribuição hierárquica das formas de vida. É isso que aparece claramente quando se pretende revogar as promessas da História de desvelamento e de justiça. Não é a mentira da ideologia que oculta a realidade. É a maneira de contar a progressão do tempo que recobre a distribuição das temporalidades que funda sua possibilidade.

Para compreender esse ponto, é necessário retomar o texto que mencionei, a *Poética* de Aristóteles. É esse texto que, no Ocidente, estabelece os princípios de racionalidade ficcional e constrói, assim, um modelo de inteligibilidade da ação humana cujo alcance excede em muito o domínio das ficções declaradas como tais. O que é próprio do poeta, nos diz Aristóteles, é a construção de uma ficção, ou seja, de uma estrutura de encadeamento causal que liga os acontecimentos em um todo. Essa construção supõe uma escolha entre duas temporalidades, pois há duas maneiras de narrar: poesia e história. A história conta as coisas como aconteceram empiricamente, como fatos contingentes, uns atrás dos outros. A poesia é "mais filosófica": ela não diz "o que de fato ocorreu", mas como as coisas *podem* acontecer, como acontecem em consequência de sua própria possibilidade.[2] Dessa maneira, a poesia constrói um tempo específico no qual o desdobramento dos fatos é idêntico ao de uma cadeia de causas e

---

2. Aristóteles, *Poética*. Trad. Paulo Pinheiro. São Paulo: Editora 34, 2015, 1451a30-b10, pp. 95-97.

efeitos. Esse tempo da ficção é ordenado segundo dois tipos de encadeamento, que são também dois tipos de reversão: uma reversão de situação, que vai da fortuna ao infortúnio ou, mais raramente, do infortúnio à fortuna, e uma reversão do saber, que vai da ignorância ao conhecimento. É assim que o tempo se liga ao saber e à justiça: os personagens trágicos passam da fortuna ao infortúnio não por efeito de uma maldição divina, mas porque suas ações produzem efeitos contrários ao que esperavam. É ao sofrer esses efeitos que adquirem o conhecimento daquilo que ignoravam.

É evidente que o entrelaçamento dessas quatro noções – fortuna, infortúnio, ignorância e saber – fornece uma matriz de racionalidade cujo campo de aplicação pode cobrir tanto as transformações efetivas de nossas sociedades quanto as tramas inventadas pelos poetas. Não é por acaso que a racionalidade causal da ação ficcional recebe duas modalidades equivalentes: ela pode ser necessária ou verossímil. A necessidade dos encadeamentos de fato e a verossimilhança das invenções poéticas advêm da mesma forma de racionalidade. Mas aqui também vale insistir na partilha de temporalidades que sustenta esse modelo de racionalidade. Essa partilha opõe um tempo racional da ficção, em que as coisas são ligadas por vínculos de causalidade, a um tempo da realidade ordinária, em que as coisas simplesmente acontecem umas depois das outras. A hierarquia dos tempos que funda a racionalidade da ação humana corresponde a uma hierarquia de lugares que separa duas categorias de seres humanos. Há aqueles que vivem no tempo dos acontecimentos que podem ocorrer, o tempo da ação e de seus fins, que é também o tempo do conhecimento e do lazer. Da Antiguidade ao século XIX, esses foram designados como homens ativos ou homens do lazer. E há aqueles que vivem no tempo das coisas que acontecem umas depois das outras, o tempo encolhido e repetitivo daqueles chamados homens passivos ou mecânicos, porque vivem em um universo de meios simples e não tomam parte nem nos fins da ação nem no lazer, que é fim em si. A racionalidade do desdobramento horizontal do tempo repousa sobre uma hierarquia vertical que separa duas formas de vida, duas formas de ser no tempo, que poderíamos dizer simplesmente: a maneira dos que têm tempo e a dos que não têm.

A justiça do tempo se desdobra da mesma maneira. Há a justiça do processo causal conceitualizado pela *Poética* de Aristóteles, que faz com que os homens ativos passem da fortuna ao infortúnio, da ignorância ao saber, e há uma outra justiça, que sustenta silenciosamente a primeira e à qual Platão consagrou a *República*. Ela consiste em uma distribuição bem ordenada dos tempos e dos espaços, das atividades e das capacidades, e repousa sobre uma condição primeira que Platão enuncia logo no princípio da narrativa sobre a formação da cidade: a condição de manter no espaço da oficina os artesãos que não devem ter tempo de ir a outro lugar, que não devem ter tempo de fazer o que quer que seja além do trabalho que urge.

É essa dupla natureza do tempo, como encadeamento de momentos e hierarquia das ocupações, que devemos desatar para compreender a estrutura das célebres grandes narrativas e a maneira pela qual essa estrutura sobrevive no presente que diz tê-la abolido. O fato é que as grandes narrativas da modernidade se apoiam em uma dupla distribuição dos tempos: de um lado, essas grandes narrativas anularam a oposição da racionalidade ficcional à pura empiria dos fatos sucessivos da história. É assim que a História – com H maiúsculo – se tornou uma forma de racionalidade e uma promessa de justiça. As narrativas do progresso histórico e a narrativa marxista da História aplicaram à sucessão de fatos históricos o modelo de causalidade que Aristóteles havia reservado à invenção ficcional. Essas narrativas dispensaram a hierarquia das temporalidades ao submeterem o tempo em que as coisas acontecem umas depois das outras a uma forma racional de encadeamento de causas e efeitos. O marxismo fez ainda mais, colocou a matriz racional das atividades humanas no obscuro mundo cotidiano da produção da vida material e opôs essa abissal racionalidade causal aos acontecimentos superficiais que pertenciam à vida gloriosa dos "homens ativos". De uma só vez, ele enlaçou as duas reversões que formavam a matriz da racionalidade ficcional. Com poucas exceções, o entrelaçamento trágico fazia a passagem ao saber coincidir com uma passagem à tristeza. O que os heróis das tragédias aprendiam ao fim da história era o erro que havia lhes causado sua tristeza. Contrariando isso, a nova ciência histórica anunciava uma passagem da tristeza da exploração sofrida à felicidade de uma liberação obtida graças ao saber adquirido pela lei da necessidade. Eis como se afirmava um elo privilegiado entre necessidade e possibilidade: o desenvolvimento necessário das formas de exploração produzia um saber da necessidade que tornava possível acabar com sua lei. Assim, a História se tornava a narrativa de uma conjunção positiva entre o desenvolvimento do tempo, a produção do saber e a possibilidade de uma justiça. A própria evolução histórica produzia uma ciência da evolução que permitia aos agentes históricos desempenhar um papel ativo na transformação da necessidade em possibilidade.

Infelizmente, a hierarquia das temporalidades que a ciência da história tinha pretendido dispensar não tardou a reaparecer em seu seio, porque o mesmo processo histórico que produzia as condições do futuro não cessava de produzir igualmente novas formas de distanciamento e retardo. Esse processo não se contentava em rejeitar algumas classes, relegando-as ao passado e transformando-as, assim, em obstáculos para a chegada do futuro. Ele operava também no coração do presente para separá-lo de si mesmo. As próprias leis que produziam o funcionamento do sistema também produziam o desconhecimento. Elas reproduziam – na experiência cotidiana e nas maneiras de ver, pensar e agir daqueles que delas partilhavam – o véu da ideologia que os mantinha à distância do conhecimento do movimento real das forças históricas. A mesma necessidade que produzia o possível reproduzia sua impossibilidade. A ciência da história teve que interiorizar esse duplo efeito. Teve que ser, simultaneamente, a ciência das condições de possibilidade do futuro e a ciência de sua impossibilidade, agora renovada. A hierarquia das temporalidades, que antes havia separado dois mundos, agora separava duas maneiras de habitar o mesmo mundo, e o mesmo processo histórico era vivido de duas maneiras. Havia aqueles (a minoria) que viviam no tempo da ciência, que é o da necessidade conhecida e transformada em instrumento de ação, e aqueles (a maioria) que viviam no tempo da ignorância, o tempo da sucessão e da repetição, que é o dos homens passivos, oscilando entre a resignação a um presente sempre idêntico, a nostalgia de um passado revirado e a impaciência de um futuro cujas condições de realização ainda não estavam prontas.

Assim, o cerne das "grandes narrativas" não era a simples fé em um futuro que devia resultar da necessidade histórica, mas a cisão íntima dessa necessidade que era, ao mesmo tempo, uma condição de possibilidade e uma condição de impossibilidade. A ciência da necessidade histórica era, ao mesmo tempo, o saber da possível destruição da dominação capitalista e o saber de sua reprodução necessária e do adiamento sem fim dessa destruição. Essa própria cisão era fundada na divisão do tempo, nesse presente do afastamento, esse presente da hierarquia dos tempos, alojado no seio de um tempo que deveria estar caminhando para o fim da dominação.

Evidentemente, nem a narrativa da necessidade histórica nem a cisão que a habita desapareceram em um reinado absoluto do presente. O que o presente nos oferece é uma redistribuição do jogo entre necessidade, possibilidade e impossibilidade. Enquanto se anunciava o fim da grande narrativa marxista, a dominação capitalista e estatal tomou para si o que era seu cerne: o princípio da necessidade histórica. Mais do que nunca, a obediência a essa necessidade e sua inteligência eram colocadas como o único caminho para qualquer contentamento futuro. Esse contentamento, é claro, não passava mais pelas vias da reversão e da ruptura, mas, pelo contrário, por uma otimização da ordem existente. Mas não por isso estávamos no reinado de um presente estrito. A necessidade histórica recebeu um novo nome: agora, chamava-se globalização. Parecia que essa globalização implicava ainda um tempo determinado por um fim imanente, e esse fim não era mais a revolução, mas, pelo contrário, era o triunfo do livre mercado global. No entanto, justamente esse triunfo não podia ser deixado unicamente ao sabor da "liberdade" desse mercado. Ele exigia sacrifícios. Não se tratava somente de adaptar-se aos fluxos e refluxos do mercado. Tratava-se, mais profundamente, de fazer concordar dois tempos: o tempo racional do processo global da produção e da distribuição capitalista da riqueza e o tempo empírico dos indivíduos acostumados à temporalidade das coisas que acontecem "umas depois das outras", por exemplo, o tempo do pagamento, depois do trabalho, e o tempo da aposentadoria, depois dos anos de trabalho. Obviamente que era o segundo que deveria se adaptar ao primeiro. O conjunto das medidas que devem efetuar essa adaptação recebeu, na nova narrativa, o nome de "reforma", contrapartida do que a antiga narrativa chamava de "revolução". É necessário notar que "reforma" é uma palavra no singular: era bastante comum outrora opor a modéstia empírica das reformas às abstrações dos programas revolucionários. Mas "a" reforma, tal como a entendemos hoje, não é um conjunto de medidas empíricas. Tornou-se outro significante mestre, outro símbolo da necessidade histórica e de seu combate necessário contra as temporalidades que não estão de acordo com ela. Aqui também a narrativa dita liberal recai nas formas temporais da narrativa marxista. No século XIX, Marx e Engels estigmatizaram os artesãos e pequeno-burgueses apegados a formas sociais ultrapassadas que resistiam ao desenvolvimento do capitalismo e retardavam, assim, o futuro socialista do qual o primeiro era portador. No fim do século XX, o roteiro foi revisto para mudar não a forma, mas os personagens: a condição da prosperidade por vir é a liquidação dessas heranças de um passado ultrapassado que se chamam códigos de trabalho, leis de defesa do emprego, segurança social, sistemas de aposentadoria, serviços públicos e outros. O que emperra o caminho do futuro são esses trabalhadores que se aferram aos vestígios do passado. Para punir esse pecado contra a nova justiça do tempo, é preciso primeiramente renomeá-lo: as conquistas sociais do passado são rebatizadas de "privilégio", e empreende-se uma guerra contra os egoístas privilegiados que defendiam suas vantagens adquiridas e seus interesses de curto prazo às custas do futuro de uma comunidade inteira. É perfeitamente lógico que diversos intelectuais franceses reproduzam agora os argumentos da ciência marxista a serviço de um governo de direita que luta contra os "privilégios" do passado. O que fundou seu senso crítico sempre foi o sentido da necessidade histórica, pouco importando se essa necessidade agora não conduzisse mais ao triunfo da revolução socialista, mas ao do livre mercado capitalista. É dessa maneira que a grande narrativa, supostamente extinta, se encontra reapropriada pelos guardiões da ordem que ela mesma se propunha a destruir.

Ainda restava, no entanto, uma outra versão dessa narrativa que se reafirmava como crítica do tempo do Capital, mas essa própria crítica foi revista. Mais do que encontrar os sintomas de sua queda vindoura no desenvolvimento do capitalismo, ela terminou por demonstrar, em todas as circunstâncias, a capacidade do capitalismo de se renovar e de transformar toda resistência em oportunidade de lucro. E, no centro dessa reprodução, essa crítica implicava os habitantes do tempo das coisas que acontecem umas depois das outras. Mas ela fazia, é claro, precisamente o contrário da narrativa oficial: enquanto esta denunciava os retardatários que se mostravam incapazes de se adaptar ao tempo do mercado global, a narrativa crítica lhes censurava, inversamente, o fato de estarem bem adaptados demais a esse tempo e de se dobrarem às suas exigências, seja por interiorizarem passivamente os valores da liberdade consumista e da personalidade flexível ou por lhe oporem valores libertários ou antiautoritários, cujo efeito era o de minar as formas de autoridade tradicional que limitavam a empreitada do livre mercado. De um lado, a crítica do fetiche da mercadoria, da sociedade de consumo e do espetáculo, que havia sido construída para demonstrar a mecânica do sistema, servia agora para questionar os "indivíduos democráticos" e caracterizar seu comportamento como responsável pela permanência do sistema, de outro, os movimentos de revolta antiautoritária foram acusados de forjar os modos de subjetivação que as novas formas do capitalismo exigiam. Esse foi o argumento de *O novo espírito do capitalismo*. Segundo os autores dessa obra de grande relevância, os estudantes de maio de 1968 opuseram à tradição da crítica social, fundada nos valores de solidariedade da classe trabalhadora, uma "crítica artista", fundada nos valores individualistas da autonomia e da criatividade. A revolta desses estudantes, então, deu ao capitalismo, depois da crise de 1973, os meios de se regenerar ao integrar esses valores de criatividade e autonomia nas novas formas de gestão flexível.

Assim, a narrativa crítica se torna um duplo da narrativa oficial. Ela não terminou de mostrar como o sistema se reproduz indefinidamente e absorve toda forma de subversão para fazer disso um motor de seu próprio desenvolvimento. Essa própria demonstração se presta a dois cenários: um cenário de repetição, que privilegia a validação sempre renovada da demonstração do processo necessário, e um cenário de catástrofe, que transforma o círculo em espiral descendente e a demonstração de saber em profecia apocalíptica, mostrando uma humanidade de indivíduos flexíveis e de consumidores narcisistas a caminho do Juízo Final, quando serão expiados seus pecados contra a ordem do tempo. Em seu último suspiro, o tempo do processo causal que chega a uma virada se encontra cindido em dois tempos que excluem, cada um à sua própria maneira, toda possibilidade dessa virada: um tempo da repetição eterna e um tempo do declínio e da catástrofe.

Uma dessas narrativas remete o tribunal da história à ciência dos remédios que devem garantir a saúde de nossas sociedades, outra, transforma-a no Juízo Final da humanidade, mas as duas estão de acordo quanto a certa maneira de nomear, hoje, a necessidade. Ambas chamam-na de "crise", pagando o preço de dotar essa crise de duas versões bem diferentes, mas que têm, mesmo assim, um ponto comum: seu distanciamento em relação ao que se entendia por essa palavra no tempo de Marx. A crise era, então, a revelação concreta da contradição que habitava um sistema e que traria o fim desse sistema. Hoje, tornou-se algo totalmente diferente. A crise é o estado normal de um sistema governado pelos interesses do capital financeiro e, em certo sentido, é apenas o nome dessa necessidade histórica chamada globalização, que ordena a destruição de todos os obstáculos ao triunfo do livre mercado. Mais precisamente, essa normalidade funciona somente mantendo-se sempre à beira do abismo, como aquilo que vive somente sob a vigilância ininterrupta dos sábios. É assim que a crise reencontra seu sentido primeiro, seu sentido médico, mas ao preço de um distanciamento radical do que essa palavra queria dizer na tradição hipocrática. Nessa tradição, a crise designava um tempo bastante específico: o último momento de uma doença, em que o médico já tinha feito tudo o que sua ciência permitia e quando deixava, então, o doente enfrentar sozinho a batalha da qual sairia morto ou curado. Na grande narrativa de hoje, a crise não é mais o fim da doença, ela é o próprio estado patológico, identificado com o funcionamento regular de um sistema econômico e social. A crise não é simplesmente o fato de que as potências financeiras, que vivem de receber juros, às vezes experimentam dificuldade em receber o pagamento daqueles a quem essas próprias potências privaram dos meios de lhes pagar. É todo um sistema de dominação, identificado a uma ordem de gestão racional do tempo, que existe às custas de declarar essa racionalidade constantemente ameaçada pela incompetência e descuido dos homens e mulheres que vivem no mundo das coisas que acontecem umas depois das outras. A crise econômica deve então ser transformada em crise social e, finalmente, em crise antropológica. "Crise", portanto, quer dizer simplesmente o estado normal do mundo, mas o fato de dizermos assim permite que o encaminhemos ao cuidado atencioso e ininterrupto dos médicos. Na verdade, esses "médicos" são os detentores do poder econômico e do poder estatal que gerem a ordem das coisas, e a doença da qual cuidam é apenas a boa saúde de um sistema de exploração e dominação. Mas, chamando de crise, cruzamos o afastamento entre duas categorias de seres humanos: os que vivem no tempo doentio da sucessão, em que "crise" quer dizer baixa de salários, perda de emprego e de benefícios sociais e impossibilidade de pagar suas dívidas, e os que vivem no tempo da ciência, em que "crise" define, ao mesmo tempo, a patologia das doenças a serem tratadas e a capacidade da ciência não mais de tratá-las, mas de gerá-las. A grande narrativa da justiça do tempo se remete, ainda e sempre, ao afastamento entre a forma de vida dos sábios que dominam o tempo dos fins e a dos ignorantes encarcerados no tempo do cotidiano. Como a ignorância daquele que padece do tempo é também culpa dos devedores incapazes de pagar suas dívidas, a identidade entre a saúde do sistema e a doença de seus rejeitados se deixa facilmente transpor para a narrativa catastrofista da crise de civilização, que fornece o duplo "crítico" da narrativa oficial.

É assim que alguns sentem a liberdade de declarar o "fim das grandes narrativas". As narrativas que racionalizam a dominação e os que pretendem contestá-la permanecem igualmente dependentes da lógica ficcional que remonta a Aristóteles. Sem dúvida que um horizonte de justa reversão da situação não está mais na ordem do dia, tendo sido substituído por uma normalidade à beira da catástrofe, mas ainda permanecemos na narrativa de um encadeamento necessário fundado em uma hierarquia de temporalidades. À sombra do suposto "presentismo", as autoridades do Estado, do mercado financeiro, das mídias e da ciência produzem ininterruptamente esses afastamentos que esgarçam indefinidamente a distância entre os que vivem no tempo do saber que faz justiça e aqueles que vivem no tempo da ignorância e do erro. O discurso oficial e o discurso crítico, a ficção do progresso e a ficção do declínio giram sempre na roda da necessidade e de sua ignorância. Para sair desse cenário, talvez seja necessário repensar a "justiça do tempo" tendo como ponto de partida o que está em seu cerne: a hierarquia das temporalidades, juntamente com a luta para aboli-la. É esse deslocamento que tentei pensar por meio das formas da emancipação trabalhadora e da teoria da emancipação intelectual.

Trabalhar com as formas da emancipação trabalhadora é encontrar a realidade fundamental do tempo como forma de vida. Foi o que aprendi, de forma bastante particular, com os manuscritos do carpinteiro Gauny: a linha de separação mais profunda é aquela que separa os que têm tempo dos que não o têm. A partilha hierárquica dos tempos não submete esses últimos apenas a um trabalho explorado. Ela também lhes dá um corpo e uma alma, uma maneira de ser no tempo e no espaço, de mover os braços e as pernas, de olhar, de falar e de pensar adaptados a essa determinação. É por isso que a emancipação é, em primeiro lugar, uma reconquista do tempo, uma outra maneira de habitá-lo. Foi o que Gauny fez ao narrar sua jornada de trabalho. A jornada de trabalho não é somente o fragmento de um processo capitalista de exploração que pode ser dividido em tempo de reprodução da força de trabalho e tempo de produção da mais-valia. É também a reprodução cotidiana da maneira de ser daqueles que "não têm" tempo. Ora, esse tempo está, por princípio, excluído do universo da narrativa: normalmente, nada lhes acontece que não seja a repetição dos mesmos gestos. Reconquistar o tempo é, portanto, transformar essa sucessão de horas, nas quais nada deve acontecer, em um tempo marcado por uma multidão de acontecimentos. Na narrativa de Gauny, a jornada de trabalho é um tempo em que, a cada hora, alguma coisa acontece: um gesto diferente da mão, um olhar que se desvia e faz o pensamento vaguear, um pensamento que surge espontaneamente e que muda o ritmo do corpo – um jogo de afetos que faz com que a servidão que se sente ou a liberdade que se experimenta se traduzam em gestos de andamentos diversos e em encadeamentos contraditórios de pensamentos.[3] É assim que se produz uma série de afastamentos positivos em relação ao tempo normal da reprodução do ser-trabalhador. Esses afastamentos se deixam reunir em um encadeamento temporal desviante. Por meio dessa dramaturgia de gestos, percepções, pensamentos e afetos, torna-se possível para o carpinteiro criar uma espiral que inicia, no meio da restrição das horas de trabalho, outra maneira de habitar o tempo, outra maneira de portar um corpo e uma mente em movimento. Tudo começa com a própria decisão de narrar o que estava excluído do universo da narrativa, de mudar a maneira com que um trabalhador deve se servir de suas mãos e de suas palavras. A decisão de escrever pressupõe uma ruptura ainda mais radical: para tomá-la, o carpinteiro precisava tomar o tempo que não tinha, e isso constituía não somente em retardar a cada noite a hora de dormir, mas em transgredir a linha de separação simbólica que coincide com o que há de menos suscetível a modificações na divisão empírica do tempo cotidiano, ou seja, a linha que separa a noite

---

3. Ver pp. 53-58 de "Le travail à la journée", in Gabriel Gauny, *Le Philosophe plébéien*. Textos organizados e apresentados por Jacques Rancière. Paris: La Fabrique, 2017.

do dia, o repouso do trabalho. Era precisamente essa barreira que seus irmãos tinham que fazer recuar a fim de ler e escrever, de se reunir e discutir os meios para quebrar a hierarquia dos tempos.

A linha do tempo se deixa dividir de seu próprio interior. À fragmentação das coisas que acontecem "umas depois das outras" se opõe outra fragmentação, que cria diferenças e rupturas no *continuum* supostamente homogêneo. Cada momento desse *continuum* é simultaneamente um ponto pelo qual passa a reprodução da hierarquia dos tempos e o ponto de um afastamento, de uma ruptura. Para a narrativa oficial, tais rupturas são homogêneas ao processo: os homens da repetição passiva são também aqueles da ebulição efêmera. Mas o momento não é esse tempo do efêmero que se pode opor complacentemente aos encadeamentos de longo prazo e à ciência das causas. Trata-se também do poder de engendrar uma outra temporalidade, redistribuindo os pesos no equilíbrio dos destinos prometidos aos homens em função do tempo que habitam. É aí que os ínfimos desvios que mudam a jornada de trabalho do carpinteiro se ligam às barricadas que desafiam o poder. Emancipação individual, em relação a certa forma de individualidade, e emancipação coletiva, em relação a certo modo de ser coletivo, se nutrem uma da outra e se apoiam sobre um mesmo poder do momento que cria um encadeamento temporal desviante. A narrativa da jornada de trabalho foi escrita no intervalo entre a revolução parisiense de julho de 1830 e a de fevereiro de 1848. O poder do momento que engendra um outro tempo é o das jornadas revolucionárias em que o povo de homens "passivos" esqueceu o "tempo que urge" e esvaziou os locais de trabalho para ir às ruas afirmar sua participação em uma história comum. Em um texto célebre, Walter Benjamin trata desses momentos que explodem o tempo contínuo, o tempo dos vencedores, e identifica-lhe o símbolo no insurgente parisiense de julho de 1830 que, tal como Josué fez parar o sol, atirava nos relógios para parar o tempo. A anedota que Benjamin comenta é certamente forjada, mas o que essas jornadas produzem, sobretudo, é mais do que uma dinamitagem do tempo dominante. Trata-se da abertura de um outro tempo comum, nascido das brechas efetuadas no anterior. Esse tempo comum não é um tempo do sonho, que faria esquecer o tempo padecido ou projetaria um paraíso futuro, mas um tempo que se escande de outra maneira e se dá outros referenciais do passado, que constrói para si uma memória e, assim, se cria até outros futuros. Redistribuindo os pesos de certos instantes e ligando-os de outras maneiras, esse tempo faz com que toda a distribuição do possível seja reconfigurada e, com ela, o poder daqueles que habitam o tempo. O carpinteiro que reinventa sua jornada de trabalho e os manifestantes que interrompem os planos de poder e as rotinas da exploração opõem ao despedaçamento, que lhes mantinha indefinidamente à distância de seu próprio tempo, uma fragmentação que torna-lhes mestres desse tempo e constrói um novo possível.

Essa oposição entre duas formas de recortar o tempo é também o que resume, no tempo das revoluções microscópicas ou espetaculares, a extravagância das proposições da emancipação intelectual. Há dois tempos do saber, dizia Joseph Jacotot. Há o tempo normal, o tempo da pedagogia, em que as etapas devem ser percorridas na ordem correta, partindo-se da simplicidade originária, adaptada a um estado de ignorância, para chegar à complexidade do saber. Esse percurso pressupõe um guia que sobrevoa o conjunto do processo e, consequentemente, conhece a ordem das etapas e a capacidade do aluno de cumpri-las. Esse caminho que leva da ignorância ao saber deve, ao mesmo tempo, levar da desigualdade à igualdade. Mas, na verdade, ele reproduz ininterruptamente uma desigualdade, existente entre duas maneiras de ser no tempo. O tempo da emancipação se opõe a ela no fato de que não conhece nem ponto zero de ignorância originária, nem termo fixo na progressão. Por isso mesmo, não conhece uma ordem definida de etapas, o que seria o saber reservado ao mestre. É um tempo novo, que pode partir de qualquer ponto singular a qualquer momento e se estender a direções imprevistas enquanto inventa, a cada passo, suas próprias conexões. É isso que resumem as máximas aparentemente simplistas que Jacotot opõe à lógica da ordem explicadora: "Tudo está em tudo" e "Aprenda algo e relacione tudo a isto segundo o seguinte princípio: todos os homens têm igual inteligência". Um tempo novo pode se engendrar a partir do algo que há em tudo. Esse algo não é o particular que tem sentido apenas em relação ao todo no qual se inclui e que, portanto, tornaria necessário um guia ciente do tempo para mostrar o caminho. Já há nesse algo um todo, um conjunto de relações que pode se desdobrar, e cujo desdobramento abre as vias de uma progressão inédita.

Para repensar as "grandes narrativas" e seu destino, é necessário levar em conta essa forma de temporalidade que esteve no cerne de práticas e pensamentos da emancipação. O fato é que a potência do momento que engendra um outro encadeamento temporal teve um destino contraditório nos tempos modernos. A tradição progressista levou-a para o lado ruim, o do tempo dos ignorantes e dos impacientes. A tradição revolucionária marxista, particularmente, fez dela o tempo da revolta espontânea e efêmera e dos futuros utópicos, oposto ao tempo da ação estratégica, baseada no conhecimento do processo histórico – exceto que, como fizeram entre fevereiro e outubro de 1917, as estratégias confiscam, em benefício próprio, a dinâmica desses "momentos efêmeros". Em contrapartida, esse deslocamento sobre o eixo dos tempos foi o princípio de outra revolução: a revolução moderna da ficção que foi chamada literatura, e que questiona a oposição aristotélica entre o tempo da conexão causal e o da simples sucessão. Foi Virgina Woolf quem melhor resumiu essa revolução, no ensaio "Modern Fiction". À tirania da trama e de suas causalidades manufaturadas, Woolf opõe a verdade desses átomos de tempo que caem continuamente sobre nossas cabeças, cujos arabescos o escritor tem o dever de transcrever. Vimos frequentemente, no deslocamento da ficção para essas chuvas de átomos e esses arabescos, algo próprio de uma literatura elitista, que se estende complacentemente sobre o detalhe das ínfimas personagens de um belo mundo. Fazendo isso, esquecemos o que essa ruptura da escala dos tempos significava em profundidade: a recusa à oposição entre duas espécies de seres humanos. O tempo dos átomos caindo incessantemente, que se opõe ao das coisas que "podem acontecer", não é o tempo dos estados de espírito das pessoas do mundo. É um tempo da coexistência que recusa a oposição entre dois tipos de sucessão, um tempo comum aos humanos ditos ativos e aos ditos passivos. É um tempo que também diverge a partir de um ponto qualquer, em direções múltiplas e imprevisíveis. Em Virginia Woolf, é o tempo que a elegante Clarissa Dalloway partilha nas ruas de Londres com as vidas anônimas que lhe cruzam o caminho. É o tempo de todas essas vidas que lutam contra a ordem que as mantêm no lado ruim da partilha das formas de vida. Por trás da jornada de Clarissa Dalloway, ocupada com os preparativos de sua recepção noturna, é preciso sentir a presença de outra jornada: a de Emma Bovary, filha de camponeses que vê pela janela o curso sempre igual das horas, enquanto tenta inventar para si uma história que quebre essa repetição. Por trás dessa jornada, é preciso ainda ver aquela do carpinteiro Gauny, devotado a transformar as horas de servidão em horas de liberdade. A ficção literária moderna colocou, em seu cerne, esse tempo em que o combate entre o infortúnio da servidão renovada e a sorte da liberdade conquistada acontece a cada instante que passa, um tempo feito de uma multiplicidade de microacontecimentos sensíveis, cuja coexistência e interpenetração se opõem ao tempo da subordinação própria à ficção antiga. Mas isso também quer dizer que a ficção moderna fez desse tempo recuperado pelos homens e mulheres condenados à sucessão dos dias e das horas seu próprio tempo, o novo tecido de suas narrativas, ao mesmo tempo em que abandonava esses personagens ao infortúnio das criaturas que tentam em vão ter o tempo que não têm.

A teoria das grandes narrativas perdidas mascara essa tensão não resolvida entre duas maneiras de contar o tempo, como totalização dos momentos em um encadeamento que se estica até um fim imanente ou como distribuição e redistribuição das formas de vida. Por sua vez, Erich Auerbach, teórico da literatura, colocou essa tensão no centro de sua história do realismo ocidental, estabelecendo dois critérios para medir o progresso desse realismo: a inclusão dos destinos individuais em uma totalidade de relações econômicas e sociais em constante evolução e o acesso do ser mais humilde, o mais qualquer, à dignidade de sujeito de ficção. Em seu pensamento, esses dois critérios devem estar de acordo: o indivíduo qualquer deve se elevar à dignidade de sujeito pleno na mesma medida de sua inclusão na dinâmica total do mundo econômico e social. Ora, a história acaba, de fato, com a dissociação dos dois: é um momento insignificante de uma noite de férias na ilha de *Ao farol* de Virginia Woolf que marca seu ponto de chegada. E foi na própria insistência desse momento qualquer que Auerbach viu a promessa de um mundo de igualdade.

As narrativas que a nossa época produz sobre a relação do tempo global com o tempo das vidas individuais não parecem nada interessadas em enfrentar tais aporias. Elas nos descrevem uma simples conformidade entre o tempo dos indivíduos e o do sistema global, e o fazem utilizando, também aqui, duas variantes opostas da narrativa marxista. Algumas seguem a visão marxista da ideologia: elas nos descrevem uma perfeita conformidade entre uma subjetividade neoliberal ou uma individualidade flexível, formada pelos valores da autonomia e da criatividade, e uma lógica global do capitalismo, que se aproveita da ilusão de indivíduos que acreditam gerir livremente seu tempo e sua atividade para assegurar seu domínio sobre um tempo de trabalho agora identificado como sendo o da vida inteira. Outras seguem a visão marxista do capitalismo que forja as condições de sua própria supressão e puxam a conformidade para o sentido contrário: fazem desses "indivíduos flexíveis" trabalhadores "cognitivos", desde já detentores dos meios de produção de um capital que se tornou imaterial e identificável ao comunismo do intelecto coletivo. Essas versões opostas da adequação entre o tempo dos indivíduos e o tempo do sistema parecem igualmente desatentas às formas mais complexas de experiência do tempo que marcam nosso presente. A palavra "precariedade", geralmente utilizada para resumi-las, é ao mesmo tempo exata e insuficiente. O tempo precário não é apenas um tempo esburacado, cada vez mais marcado por intensificações e lentidões, por passagens do trabalho ao desemprego e por todas as formas de trabalho em expediente parcial ou intermitentes. É também um tempo em que os indivíduos vivem uma mistura de diversas temporalidades heterogêneas – a do trabalho assalariado e a dos estudos, a da criação artística e a de diversos pequenos trabalhos do dia a dia, por exemplo –, um tempo em que se multiplicam os que foram formados por um trabalho e trabalham em outro, dos que trabalham num mundo e vivem noutro. Podemos dizer que esse tempo é feito de intervalos, no duplo sentido do termo: intermitências do trabalho e intervalos entre diversas temporalidades. É sem dúvida a partir desses intervalos que é possível pensar as novas formas de interrupção do tempo dominante. Talvez esse tempo fragmentado coloque novamente na ordem do dia o problema da emancipação, o problema de um conflito que se dá na ocupação de momentos e cujo alvo é a divisão hierárquica de temporalidades, a divisão entre atividade e passividade no tempo do trabalho e entre intervalo e lazer no tempo de inatividade. Essa guerra pela reapropriação do tempo precário talvez possa ser o princípio de uma nova ligação entre rupturas coletivas e individuais. Foi o que se viu na França, em 2003, com a greve dos chamados "intermitentes do espetáculo". No começo, a greve estava relacionada a ameaças relativas ao sistema de segurança social daqueles trabalhadores cujo tempo é dividido entre as horas de trabalho visível e as horas invisíveis da preparação. Uma parte dos atores desse movimento insistiu, no entanto, que esse problema não era específico da classe artística: a forma da intermitência se tornou, de maneira vasta, a forma geral do trabalho precarizado. O que estava em jogo nessa luta era a construção de uma nova forma de tempo comum nas condições mais amplas do tempo esburacado e das temporalidades heterogêneas.

Desse ponto de vista, vale também a pena estudar as formas de protesto coletivo que marcaram os anos 2010, desde a Primavera Árabe até os movimentos de ocupação que aconteceram em Madri, Nova York, Istambul, Atenas, Paris e diversas outras cidades. Esses movimentos foram geralmente analisados segundo a grade temporal dominante, que opõe, no eixo horizontal de um tempo unidimensional, o efêmero dos movimentos de revolta espontâneos às estratégias de longo prazo fundadas na análise da evolução histórica. Parece-me mais útil analisá-los do ponto de vista da partilha dos tempos. O próprio nome "ocupação" nos convida a isso. Essa palavra não designa somente uma relação com o espaço, mas uma maneira de empregar o tempo. Ela implica, assim, essa "justiça" do tempo que é o pertencimento a um tipo de temporalidade. A justiça da cidade platônica era precisamente uma distribuição das ocupações, ou seja, das maneiras de se empregar o tempo próprias a cada classe. Para os artesãos, essa maneira consistia em permanecer na oficina e nela exercer a atividade à qual seu nascimento os designava, para responder à exigência do trabalho que urge. É essa ordem de ocupações, inscrita na própria materialidade dos lugares e no próprio curso do tempo, que os trabalhadores da era moderna questionaram mais uma vez. A greve com ocupação não era mais apenas uma forma de combate contra a exploração econômica, mas também a subversão da distribuição dos espaços, dos tempos e das capacidades que legitimava essa exploração. Os movimentos recentes de ocupação sempre trabalham com essa relação do espaço com o tempo. É contra essa distribuição que os operários do século XX ocuparam suas fábricas para transformar o lugar da exploração do trabalho no lugar do poder coletivo dos trabalhadores. Mas a ocupação, hoje, não é mais a suspensão de um tempo que transformaria o lugar da produção em prisão domiciliar. Ela é, antes, uma tentativa de superar uma dispersão de espaços e tempos do trabalho. Ela não se passa mais nos lugares de produção intensiva. Agora, esses lugares foram varridos do mapa do visível. Ela acontece em espaços intervalares, lugares e parques normalmente destinados à circulação ou a caminhadas. Nesses espaços de temporalidade não determinada, aquelas e aqueles cujas novas formas do capitalismo dispersaram em uma multidão de lugares e de tempos em desacordo se esforçam para recriar um tempo e um espaço comuns. É aí que, na mesma afirmação intervalar, várias experiências fragmentárias podem ser reunidas – múltiplas experiências de despossessão e restituição do tempo, características do tempo presente. Assim, nos lugares ocupados, encontram-se as diferentes experiências de tempo fragmentado, ligadas a uma condição precária partilhada de maneiras diversas pelo ambulante tunisiano cujo suicídio originou a Revolução de Jasmim ou pelos estudantes formados e desempregados das praças de Madri ou Nova York. Esses movimentos de ocupação foram também ocasião de um encontro entre múltiplas formas de reapropriação do tempo, como se os novos modos de ação política instaurassem, à sua maneira, nas ruas das cidades, formas de coexistência de temporalidades que a revolução literária opôs à tirania da trama. Há as interrupções do curso normal das horas e das atividades, conforme simboliza a performance de Erdem Gündüz, o *standing man* da Praça Taksim, em Istambul, que, ao olhar a fachada do Centro Cultural Atatürk por oito horas sem se mover, propõe ao mesmo tempo uma nova forma de unidade entre o tempo da performance artística e o da ação política. Há o tempo da assembleia, que simboliza uma comunidade alternativa e o tempo destinado à organização de uma vida cotidiana ao mesmo tempo ordinária e instalada num espaço-tempo da secessão. E há o esforço para instalar, na duração, esses momentos de reconstrução de uma forma de vida comum nas experiências de produção, de troca, de circulação da informação, de transmissão de saberes e de administração de cuidados que tecem as redes de uma solidariedade nos conflitos do presente que é também a antecipação de uma forma de vida ainda por vir, uma forma de vida comum liberta da hierarquia dos tempos e das capacidades.

Não pretendo, aqui, qualquer julgamento a respeito

da eficácia dessas formas de interrupção do tempo dominante ou da construção de temporalidades diferentes. Basta que elas nos convidem a repensar a maneira com que nós contamos o tempo no qual essa eficácia é medida. Ao encontro das análises que proclamam o fim das grandes narrativas e o reino do presente absoluto, quis mostrar como a ficção da necessidade histórica continua a estruturar o tempo dominante – o tempo da dominação –, pagando, para isso, o preço de transformar as promessas de liberação em constatações desencantadas da ordem das coisas ou em profecias do fim do mundo. Quis também lembrar como essa ficção da necessidade se enraíza em uma distribuição hierárquica das temporalidades e das formas de vida que ela mesma contribui para renovar. Propus uma outra maneira de pensar o tempo a partir da singularidade de momentos em que essa hierarquia se encontra suspensa, parada ou desviada na experiência individual de uma jornada de trabalho, o romance de momentos de inatividades ou os ajuntamentos de multidões que interrompem o curso normal das coisas.

A MODERNIDADE REPENSADA

A visão dita modernista identifica a modernidade artística com a afirmação da autonomia da arte e com a concentração de cada arte em seu meio específico. Já tive anteriormente a oportunidade de mostrar o quanto essa "modernidade" estava distante das transformações reais pelas quais passaram, nos últimos dois séculos, as artes, as formas de existência e o pensamento das artes, então não voltarei a isso. Por outro lado, gostaria de me concentrar no equívoco fundamental dessa noção, equívoco que concerne à própria relação que essa noção estabelece entre uma prática chamada arte e um tempo definido como moderno. Para afirmar o que julga ser a revolução moderna da arte, a doxa modernista precisa pensar essa revolução dentro de uma história em que a própria noção de arte retém o mesmo sentido desde o tempo das pinturas rupestres até nós. Mas não é esse o caso. A própria Arte é uma configuração histórica determinada. Ela existe como tal somente em um regime de identificação específico, que permite que performances ou objetos, produzidos por técnicas diversas e para fins diversos, sejam percebidos como pertencentes a um mesmo regime de experiência. Não se trata simplesmente da "recepção" das obras de arte. Trata-se do tecido da experiência no qual essas obras são produzidas. Esse tecido é constituído de instituições – lugares de performance ou de exposição, formas de circulação e modos de reprodução –, mas também por modos de percepção e de afeto, conceitos, narrativas e julgamentos que lhes dão sentido. É esse regime de experiência que torna possível que palavras, narrativas, formas, cores, sons, movimentos ou ritmos sejam percebidos e pensados como sendo "arte".

Tal regime de experiência não existe desde sempre. Muito pelo contrário, podemos dizer que ele apenas existe no Ocidente desde o fim do século XVIII. É claro que muito antes disso já existiam artes, ou seja, saberes e maneiras de colocá-los em aplicação, mas eles não advinham de uma esfera de experiência comum. A Arte, tal como a nomeamos e compreendemos em nossas sociedades, no singular e com letra maiúscula, não era conhecida nem mesmo por aqueles que se divertiam em idas ao teatro, que encomendavam obras de pintores e escultores ou contratavam músicos para suas festas e celebrações. Não se trata de um simples problema terminológico. A Arte não existia como uma esfera de experiência comum não apenas porque o exercício das artes estava voltado para fins sociais diversos, mas sobretudo porque esses fins estavam, eles mesmos, compreendidos em uma divisão hierárquica das atividades humanas e dos humanos que as exerciam. As Belas Artes, que se distinguiam das artes voltadas unicamente à utilidade, eram as herdeiras da antiga hierarquia que opunha as artes liberais às artes mecânicas. Ora, essa hierarquia não era ligada à qualidade das performances ou dos objetos produzidos, mas à qualidade das pessoas que as produziam ou que as praticavam. As artes liberais eram praticadas por lazer pelos homens ditos livres. As artes mecânicas eram praticadas como ofício, para utilidade dos outros e para a própria subsistência. É por relação a essa hierarquia que a singularização moderna da arte pode ser pensada e que podemos compreender as noções de representação e de antirrepresentação. A doxa modernista se baseia em uma ideia simplista que assimila a representação à imitação servil da realidade, para opor a isso a emancipação moderna de uma arte voltada unicamente para a exploração de seu meio. A representação, porém, era outra coisa. A representação era a legislação da imitação, que submetia as práticas da arte a um conjunto de regras que determinavam o que era adequado a um tratamento artístico e que forma lhes convinha segundo sua natureza baixa ou elevada. Essa legislação implicava a inscrição das práticas das artes em um sistema de concordâncias com as "disposições naturais" daqueles e daquelas aos quais eram destinadas. Essas disposições "naturais" eram, de fato, adequadas àqueles de natureza distinta, eram a marca de uma hierarquia das naturezas. A destruição da ordem representativa é, portanto, algo totalmente distinto do abandono da figuração nas artes visuais: é a destruição de uma ordem hierárquica inscrita nas próprias formas do perceptível e do pensável, a destruição, em meus termos, de toda uma partilha do sensível. É essa subversão das próprias formas, no interior das quais as práticas artísticas são percebidas e pensadas, que chamei de revolução estética. É ela que faz com que a arte exista não simplesmente como essência comum de todas as artes, mas como configuração histórica determinada.

Esse caráter historicamente determinado da própria arte é esquecido por aqueles que pretendem historicizar e politizar uma arte que colocam, de saída, como conceito geral e atemporal. Pensam poder chegar aí por meio das noções de modernidade, modernismo e vanguarda. Ora, essas noções são perfeitamente incapazes de conceitualizar as transformações que subverteram a lógica do regime representativo da arte. Pelo contrário, tendo essas transformações como base é que tais noções puderam ser elaboradas como interpretações particulares da revolução estética. Essas interpretações têm dois aspectos principais: primeiro, traduzem as transformações lentas e impessoais de um regime de experiência em decisões de uma vontade artística e, segundo, ligam essas decisões a um esforço para fazê-las coincidir com uma mutação dos tempos. O modernismo é, então, definido, em sua formulação mais geral, como um desejo de se adaptar ao novo ritmo do tempo ou de responder a uma exigência da história. Mas esse desejo foi frequentemente definido em termos muito simplistas. Assimilamos, assim, a modernidade a uma vontade de esposar as formas simplificadas e os ritmos acelerados da vida moderna, a uma fascinação pela eficácia das máquinas, pela velocidade dos carros, pelas formas brutas do aço ou do cimento e pelos encantos da eletricidade. É hora de perceber, por oposição, que as noções de modernidade, modernismo e vanguarda implicam um encavalamento de diferentes temporalidades, um jogo complexo de relações entre antecipação e atraso, fragmentação e continuidade, movimento e imobilidade. O tempo não é simplesmente a linha que se estica entre um passado e um futuro. Ele é também, e antes de mais nada, um meio em que se vive. Uma forma de partilha do sensível, de distribuição dos humanos em duas formas de vida separadas: a forma de vida dos que têm tempo e a dos que não têm. É essa dimensão vertical do tempo que é preciso considerar se queremos compreender o que se passa nas revoluções políticas e estéticas modernas. É em relação a essa dimensão que eu gostaria de repensar o que está em jogo nas descrições da modernidade e dos programas modernistas. Para isso, me concentrarei em uma obra emblemática da vontade modernista, emblemática, portanto, da complexidade temporal efetiva do tempo modernista e do que nele está em jogo. Antes, contudo, é preciso que eu coloque os termos do problema a partir de dois textos que ilustram duas versões opostas do modernismo, duas maneiras antagônicas de expor o modernismo e de tratar seu paradoxo.

Para isso, partirei do texto que deu a formulação dominante ao paradigma modernista: o artigo "Vanguarda e kitsch", de Clement Greenberg, publicado em 1939 e ao qual não faltam louvores nem críticas. Mas tanto os que o elogiam quanto seus detratores parecem não ter se atentado para o caráter paradoxal da argumentação desse texto. Esse paradoxo pode ser resumido simplesmente assim: a análise de Greenberg baseia a adesão aos valores "modernos" na impossibilidade de escapar a uma evolução histórica que ele descreve, no entanto, como um processo de declínio. Lembremos como Greenberg coloca os termos do problema:

> À medida que, no curso de seu desenvolvimento, uma sociedade se torna cada vez menos capaz de justificar a inevitabilidade de suas formas particulares, ela rompe com as noções consensuais das quais, forçosamente, artistas e escritores dependem em grande parte para se comunicar com seu público. [...] Todas as verdades que envolvam religião, autoridade, tradição ou estilo passam a ser questionadas, e o escritor ou artista deixa de ser capaz de avaliar a reação de seu público aos símbolos e referências com que trabalha.[1]

Foi o que aconteceu aos artistas antigos, que caíram nas sutilezas do alexandrinismo quando sua arte não tinha mais raiz na vida coletiva das cidades gregas, e é

---

1. Clement Greenberg, "Vanguarda e kitsch". In: *Clement Greenberg e o debate crítico*. Org. Glória Ferreira e Cecilia Cotrim de Mello. Trad. Maria Luiza X. de A. Borges. Rio de Janeiro: Funarte; Jorge Zahar, 1997, pp. 27-28.

o que acontece aos artistas modernos na era do capitalismo avançado.

Reconhecemos facilmente a matriz dessa análise: ela retoma os termos da análise hegeliana do "fim da arte". Quando a arte não é mais o afloramento de uma forma de vida coletiva, ela se torna, segundo Hegel, uma simples demonstração de virtuosidade, uma pura ostentação de si. A arte se torna sua própria imitação, e precisamente isso é seu fim. É precisamente nesse "fim da arte" que Greenberg enxerga a vanguarda e o futuro da arte. A vanguarda, diz ele, está cada vez mais distante da vida do povo, cada vez mais fadada a imitar a própria imitação. Podemos então nos perguntar: como pode um crítico marxista chamar de "vanguardista" uma prática que é efeito da evolução necessária de uma sociedade em declínio? A resposta de Greenberg apenas acentua o paradoxo. Há, segundo ele, uma diferença essencial entre o alexandrinismo antigo e a vanguarda modernista: "a vanguarda move-se, enquanto o alexandrinismo permanece inerte".[2] É uma vantagem muito pequena, já que a única razão para que a vanguarda se mova é que ela não pode fazer outra coisa além disso. Em certo sentido, a vanguarda é forçada a ser ainda mais decadente

---

2. Ibid., p. 31.

que o alexandrinismo. Contudo, se ela é forçada a isso, diz Greenberg, é para contrapor a ascensão de uma outra forma de arte, que ele chama de retaguarda, apesar de ela estar totalmente de acordo com o desenvolvimento da produção e da sociedade capitalistas. Trata-se da arte e da cultura kitsch, que oferecem produtos culturais manufaturados para o consumo dos filhos e filhas dos camponeses que agora gozam, nas metrópoles industriais, de um tempo de lazer para o qual nenhuma tradição cultural os preparou. O paradoxo do vanguardismo é, assim, levado ao extremo: o vanguardismo é o movimento que acelera os efeitos do capitalismo decadente na criação artística para ganhar a corrida que o opõe a uma retaguarda, sendo esta a expressão do avanço do capitalismo.

Essa estranha concepção da modernidade e do vanguardismo somente pode ser entendida se nela enxergarmos a tentativa de colocar um ponto final na história de um outro modernismo e de uma visão bastante diferente da vanguarda e de seu papel. Greenberg certamente tencionava denunciar uma visão que ele suspeitava fundir a nova arte e a nova vida, mas ele ignorava a complexidade da montagem dos tempos que sustentava essa fusão aparentemente simples. Para compreender essa complexidade, é certamente necessário voltar ao diagnóstico feito, um século antes dele, por outro pensador americano, também preocupado em responder ao desafio hegeliano do "fim da arte", mas de maneira totalmente diferente, Ralph Waldo Emerson. Vale a pena nos debruçarmos sobre o modo como ele construiu o tempo da modernidade no ensaio intitulado "O Poeta":

> "O tempo e a natureza nos oferecem muitas dádivas, mas não nos oferecem ainda o homem desse tempo, a nova religião, o reconciliador pelo qual esperam todas as coisas. [...] Não tivemos ainda na América nenhum gênio de olhar tirânico que conhecesse o valor de nossos incomparáveis materiais e que visse, na barbárie e no materialismo dos tempos, outro festim dos mesmos deuses cuja pintura ele admira tanto em Homero. [...] Bancos e tarifas, jornais e comitês eleitorais, metodismo e unitarismo são coisas desinteressantes e opacas para pessoas igualmente sem brilho, mas se apoiam sobre os mesmos alicerces assombrosos que a cidade de Troia e o templo de Delfos, e são tão efêmeros quanto eles. Nosso *logrolling*, nossos palanques e seus debates políticos, nossas

estâncias de pesca, nossos negros e nossos índios, nossos orgulhos e vergonhas, a ira dos vilões e a pusilanimidade dos homens honestos, o comércio do Norte, as plantações do Sul, as paisagens abertas do Oeste, o Texas e o Oregon; todos continuam sem ter sido objeto de canção. E, no entanto, a América é um poema a nossos olhos; sua ampla geografia deleita a imaginação, e não esperará muito tempo por seus versos."[3]

Se dou tanta ênfase nesse manifesto, não é simplesmente porque sua confiança na poesia por vir do seio da prosa do novo mundo econômico se opõe estritamente à fatura desencantada de Greenberg e seu chamado a separar a tarefa da vanguarda dessa prosa, nem porque essa confiança nos novos tempos por vir ressoa como o princípio de uma era de "modernidade" que a justificativa paradoxal de Greenberg para a vanguarda parece encerrar. A questão não é apenas que Emerson veja o futuro de uma nova poesia na própria prosa do mundo americano, enquanto Greenberg não vê outro

---

3. Ralph Waldo Emerson, "The Poet". In: *Collected Works of Ralph Waldo Emerson, Volume II: Essays: First Series*. Org. J. Slater; A. R. Ferguson; J. Ferguson. Introdução e notas de R. E. Spiller. Cambridge, MA: Harvard University Press, 1971, p. 67.

futuro para a arte senão a separação radical dessa prosa americana. A questão é a própria construção temporal que sustenta o projeto modernista. A confiança de Emerson está muito longe de qualquer crença inocente no progresso simultâneo das máquinas e dos homens. Pelo contrário, ela define a tarefa do poeta no âmago de uma entremistura radical das temporalidades. Ora, essa entremistura não é apenas a engenhosa construção de um teórico. Ela formula bem mais amplamente o complexo jogo de temporalidades misturadas que sustenta o projeto modernista e a ideia do sujeito vanguardista que está encarregado de sua realização.

No cerne dessa temporalidade complexa está uma divisão do presente. De um lado, Emerson afirma que é no próprio caos do presente que a inspiração da nova poesia deve ser encontrada. Para isso, há uma razão: o que chamamos de caos é a coexistência de elementos heteróclitos. O privilégio do presente é o privilégio de um tempo da coexistência. Coexistência em primeiro lugar quer dizer heterogeneidade. A tarefa do poeta é levar em consideração a multiplicidade desses fenômenos heterogêneos e concomitantes que fazem o presente na América e tecer o fio comum que exprime o potencial da vida comum que essa diversidade exprime. Mais profundamente, o tempo da coexistência é, contudo, um tempo sem hierarquia. Esse tempo democratizado da era estética se opõe à hierarquia dos tempos que regia a ordem representativa, e que Aristóteles resumiu opondo a ficção que constrói uma cadeia causal necessária ou verossímil à simples crônica dos fatos que se sucedem. É a uma multiplicidade de fenômenos coexistindo em um tempo sem hierarquia que o poeta deve dar uma expressão espiritual. O presente não é, entretanto, somente a unidade que faz coexistir em igualdade todos os fenômenos heterogêneos. Essa própria unidade é dividida. Se o presente é a coexistência dos tempos, é também sua não coincidência. O tempo ainda não produziu o homem desse tempo (*the timely man*), diz Emerson. Essa expressão não significa apenas que o momento ainda não chegou para o homem que exprimirá o novo tempo. Não se trata de uma questão de atraso e espera. De maneira mais radical, o tempo moderno não é contemporâneo de si mesmo. O mundo do pensamento, da espiritualidade e da arte vive, aí, à distância de um mundo fadado ao desencadeamento prosaico dos apetites e dos interesses econômicos. Essa não contemporaneidade do moderno é talvez a resposta mais fundamental ao diagnóstico hegeliano. De fato, a declaração do "fim da arte" se apoiava em uma tese de contemporaneidade: a modernidade, para Hegel, havia sido alcançada. A vida coletiva do povo encontrava, a partir de então, sua expressão adequada nas formas regradas da economia, do governo constitucional e da administração, e o espírito a animar o desenvolvimento da história havia encontrado na ciência sua expressão consciente. A vida coletiva e o desenvolvimento do espírito não tinham mais necessidade, dali em diante, de se representar fora de si mesmos, na materialidade da pedra esculpida, da superfície pintada ou do metro poético. A arte tinha perdido seu conteúdo substancial e se encontrava reduzida a uma virtuosidade formal. É a essa tese que o "modernismo" de Greenberg dá crédito, mas, para isso, é necessário que ele abandone definitivamente a resposta bem mais forte e complexa que um século de arte e de pensamento havia explorado, e para a qual o texto de Emerson dá uma das primeiras e mais radicais formulações: o tempo moderno é um tempo que ainda não é contemporâneo de si mesmo. Por isso ele tem necessidade da arte, e é isso que confere a essa arte seu caráter de articulação de temporalidades contraditórias. Não estamos, diz Emerson, no tempo do depois, no tempo "alexandrino", no qual a arte perdeu seu conteúdo substancial. Pelo contrário, estamos em um tempo do antes. Ainda não somos modernos.

Esse "ainda não" também é, entretanto, dividido. Ele é, ao mesmo tempo, problema e solução. Por um lado, significa que a prosa do novo mundo americano ainda não encontrou sua expressão poética ou espiritual. Estamos diante dos produtos da indústria, dos mecanismos da economia e das formas da vida pública como diante de coisas, situações e personagens prosaicos. Vivemos em um mundo de coisas estritamente confinadas em uma relação econômica egoísta entre um valor imediato de uso e um valor abstrato de troca. É necessário dar a essas coisas, situações e formas prosaicas um outro valor, que lhes faz símbolos de uma nova forma de vida coletiva. Este é o problema moderno: construir um novo senso comum, um novo tecido sensível em que as atividades prosaicas recebam o valor poético que faz delas os elementos de um mundo comum. Não se trata de esperar que o tempo dê à modernidade industrial e econômica sua expressão espiritual. Trata-se de antecipá-la e de, desde já, dar cara de mundo a esse processo ainda informe e caótico. É precisamente aí que o problema oferece uma solução: o "ainda não" não é somente uma situação a se remediar. É também o reservatório de possíveis que permite construir um outro tempo comum para as coisas e os seres. Longe de estarmos no tempo alexandrino, nós vivemos, diz

Emerson, na aurora dos tempos homéricos. Vivemos em um tempo em que a racionalidade da economia política e da administração ainda não disciplinou o caos dos interesses materiais e das atividades prosaicas. É essa matéria caótica que deve permitir ao poeta por vir dar às coisas ordinárias seu valor de símbolos e encontrar os ritmos e as imagens do poema novo. É no atraso da modernidade que se deve encontrar o fio espiritual que permite tecer uma nova forma de senso comum. É da desarmonia ruidosa do presente que podemos extrair o ritmo ainda selvagem de uma vida nova que será a harmonia do futuro. Mesmo que o termo ainda não exista, essa formulação da tarefa do poeta nos oferece a ideia mais exata do que pode ser uma "vanguarda" artística do que foi o projeto histórico carregado por esse nome ambíguo. A vanguarda não é o destacamento que vai na frente do exército, menos ainda o último batalhão que resiste à triunfante cultura mercantil. A vanguarda tem lugar na diferença que separa os tempos modernos de si mesmos.

Se o diagnóstico de Emerson nos serve de exemplo, é por ser muito próximo de outro, proferido no mesmo momento por um pensador que associamos mais facilmente à ideia de vanguarda: Karl Marx. A conferência proferida por Emerson entre 1841 e 1842 foi publicada no formato de ensaio em 1844, o mesmo ano em que os efêmeros *Anais Franco-Alemães* publicam a *Contribuição à Crítica da Filosofia do Direito de Hegel*. Ora, o cerne da demonstração marxiana consiste em refutar a tese de concordância entre o pensamento racional e o mundo racionalizado formulada por Hegel nos *Princípios da Filosofia do Direito*. O presente da sociedade e do governo alemão não é, como queria Hegel, a demonstração dessa concordância. Ele marca, pelo contrário, um perfeito desacordo entre dois tempos contemporâneos em que um está adiantado e o outro, atrasado. A filosofia alemã formulou um pensamento da liberdade à frente de seu tempo. Esse pensamento não tem nenhum correlato na realidade contemporânea do Estado prussiano, caracterizado, pelo contrário, pela barbárie feudal e burocrática. Mas esse distanciamento entre o tempo da liberdade pensada e o da servidão vivida é, ele próprio, o princípio de um processo inédito de liberação. Por causa de seu atraso, a Alemanha está em condições de executar uma revolução ainda inaudita, uma revolução humana que pula a etapa da revolução simplesmente política. Mas com uma condição: a de se apropriar da energia revolucionária que os franceses já exemplificaram, sem terem sido capazes de lhe propor uma formulação teórica à altura do tempo. A aliança que Marx propõe entre o pensamento alemão e a ação francesa é, de fato, a aliança entre duas formas de não contemporaneidade. Utilizar o poder de antecipação tirado do próprio atraso do presente para construir um futuro inédito: essa é a dramaturgia temporal que Marx e Emerson opõem, ao mesmo tempo, ao diagnóstico hegeliano sobre a modernidade.

A arte não tem lugar na análise de Marx. No entanto, é como se a análise de Emerson antecipasse exatamente o papel de antecipação que os artistas soviéticos dariam a sua prática no tempo da Revolução. Sabemos que esses artistas tomam de bom grado emprestadas da América as imagens que desejam aliar às formas da nova vida comunista. Não se trata de uma simples fascinação pelas proezas da indústria americana ou da sedução de um estilo de vida racionalizado. O que os fascina é antes o grande projeto do novo poema que encontra seus materiais nos fenômenos mais ordinários de uma vida ainda em construção e na própria discordância desses fenômenos. Sem dúvida, Emerson é um pensador bastante esquecido nos anos pós-1917, mas, nesse meio tempo, seu projeto se tornou popular por um poeta que é referência capital para todos aqueles que querem agora identificar o mundo moderno com a ação unânime de uma multidão de mulheres e homens iguais: Walt Whitman. É aí que o sonho de adequação da arte nova à vida nova encontra sua inspiração, ainda que esse modernismo américo-soviético se choque com o modernismo germano-francês do qual o partido da vanguarda reivindica sua herança.

Eu gostaria de analisar esse conflito de modernidades a partir de um filme que encarna no mais alto nível a vontade de fusão exata entre modernidade e revolução, *Um Homem com uma Câmera*, de Dziga Vertov. Esse filme, de 1929, dá testemunho de uma concepção do "modernismo" amplamente partilhada pelos artistas revolucionários soviéticos, apesar de todas as suas divergências. Essa concepção se propõe a utilizar os meios da arte para produzir não mais obras de arte destinadas ao gozo dos *connaisseurs* e dos estetas burgueses, mas às novas formas de vida coletiva. *Um Homem com uma Câmera* é um filme revolucionário, mas um filme revolucionário não é um filme sobre a revolução. É uma atividade comunista, uma das atividades em que a articulação do conjunto constitui o comunismo não como forma de organização política, mas como um novo tecido de experiência sensível. É, portanto, um filme que não conta histórias nem representa personagens, e abre mão até de palavras a fim de ser a pura conexão dessas atividades que fazem o presente da vida numa cidade moderna, desde o despertar matinal até os divertimentos do fim do dia, passando pelo trabalho nas fábricas e nas lojas, os transportes e o movimento da rua. O trabalho sobre o tempo se marca, em primeiro lugar, pela escolha dessa unidade do dia, no sentido de jornada. Certamente isso não é algo exclusivo de Vertov. Também o empregaram Alberto Cavalcanti, com *Somente as Horas*, e Walter Ruttmann, com *Berlim, Sinfonia de uma Grande Cidade*. Mas essa estrutura não se caracteriza apenas pela forma documental por oposição à ficção. James Joyce, com *Ulysses*, e Virgina Woolf, com *Mrs. Dalloway*, já lhe haviam feito um topos da ficção moderna. A questão é que o dia é mais um paradigma da temporalidade que um espaço de tempo. A história de um dia ilustra a revolução que Virginia Woolf proclamou no ensaio "Ficção moderna",[4] no qual a autora denuncia a tirania da trama causal e afirma, contra a tradição aristotélica, que a verdade da experiência está nessa chuva de átomos, nessa sucessão de minúsculos acontecimentos sensíveis que acontecem uns depois dos outros, mas, sobretudo, uns ao lado dos outros, sem hierarquia. O tempo do dia na

---

4. Virginia Woolf, "Ficção moderna". In: *O valor do riso e outros ensaios*. Org.e trad. Leonardo Fróes. São Paulo: Cosac Naify, 2014.

cidade grande é um tempo da coexistência, em que o mesmo gênero de acontecimentos ínfimos acontece a todos aqueles que se cruzam nas ruas seguindo caminhos diferentes ou confluem de longe, sem se ver, para uma mesma vida anônima.

Mas o filme de Vertov não conta simplesmente as atividades do dia. Ele constrói um dia comunista, um dia em que todas essas atividades são movidas por uma mesma força e compõem um mesmo todo, fundindo-se umas nas outras. Apesar de começar ao amanhecer e terminar à noite, seu desenrolar não consiste em uma sucessão de atividades ao longo das horas. Ele deve, ao contrário, radicalizar o princípio da coexistência, tornando todas as atividades equivalentes e simultâneas. O que o filme conta não é nenhuma delas em particular, mas a capacidade de cada uma de se apresentar sob a forma de uma sequência de gestos que se reflete em todas as outras e com elas se funde. É por isso que o filme adota um princípio narrativo bastante específico: ao longo de todo ele, a câmera é mostrada como uma máquina entre todas aquelas com as quais os homens e as mulheres trabalham. Quanto ao *cameraman* e à montadora, os vemos executar os mesmos gestos que uma trabalhadora numa linha de montagem, datilógrafas num *pool* de datilografia, um caixa girando sua caixa registradora, um agente de trânsito manejando suas placas ou telefonistas conectando e desconectando cabos numa central telefônica. Todas as atividades são fracionadas em sequências bastante curtas, que se alternam em um ritmo acelerado para se fundirem em uma mesma sinfonia do movimento. Por isso se vê por vezes, no filme, uma adesão futurista inocente aos ídolos modernos da máquina, do automatismo e da velocidade, e assimilamos de bom grado essa montagem ultrarrápida à decomposição taylorista e fordista dos movimentos em gestos fragmentários e cronometrados. A atenção dada pela câmera aos gestos eficazes de uma trabalhadora de uma fábrica de cigarros que confecciona embalagens em série parece ilustrar a fascinação dos artistas soviéticos frente a um modelo taylorista que permitia identificar os princípios do trabalho comunista com os da exatidão artística. No texto "O ator do futuro e a biomecânica",[5] Meyerhold explora todas as consequências do novo papel dado à arte, o de contribuir não mais para o divertimento, mas para a organização do trabalho coletivo. Para isso, seria necessário que os próprios

---

5. Vsevolod Meyerhold, "L'Acteur du futur et la biomécanique". In: *Écrits sur le théâtre, 1917-1929*, Trad. Béatrice Picon Vallin. Lausanne: L'Âge d'Homme, vol. 2, 1975, p. 78-80.

artistas atingissem um uso otimizado de seu meio de produção – o que, para os atores, era seu próprio corpo.

À primeira vista, a fragmentação vertoviana dos gestos parece fazer parte desse modelo taylorista, mas, na realidade, ela funciona ao contrário. O taylorismo fraciona uma tarefa em um número finito de operações complementares cujos exercícios separados pretende otimizar. A montagem vertoviana, por sua vez, associa fragmentos de movimentos que não são em nada complementares, mas simplesmente equivalentes. O cerne do dia é, assim, constituído por uma montagem acelerada de gestos que têm como única propriedade comum o fato de serem todos obra de mãos ativas: o toque das datilógrafas, a confecção de pacotes de cigarro em série, a saída dos jornais das prensas rotativas, o trabalho dos mineiros que atacam com picaretas os veios da pedra, o do operador que gira a manivela ou o da montadora que corta e cola o filme, mas, igualmente, o da cabelereira ou da manicure no salão de beleza, ou os gestos de um engraxate na rua. A montagem acelerada desses fragmentos não tem como objetivo celebrar a taylorização do trabalho ou a planificação soviética. Os críticos já haviam notado isso a respeito do filme anterior de Vertov, *O Onézimo*, no qual as máquinas confeccionam uma grandiosa sinfonia, mas ninguém sabe

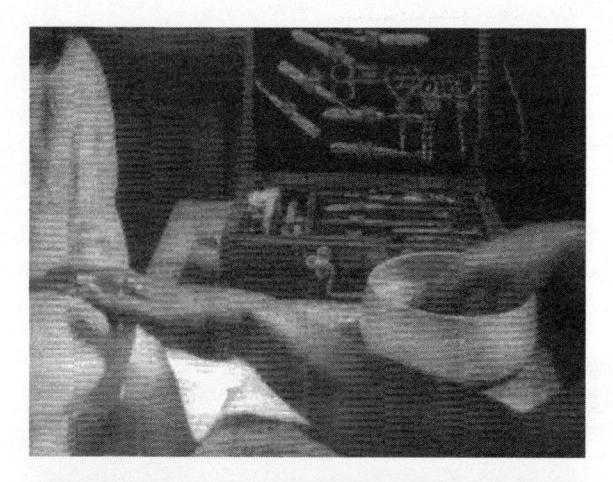

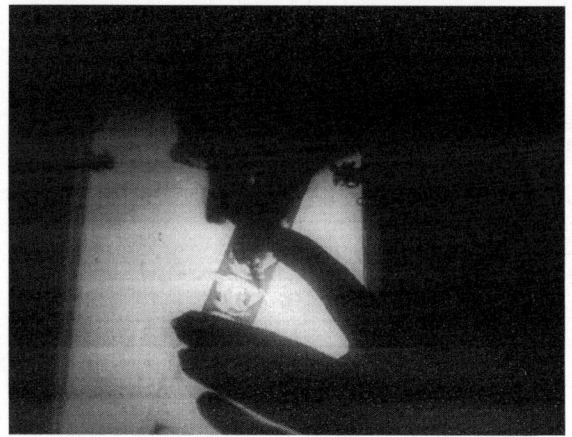

Dziga Vertov, *Um Homem com uma Câmera*, 1929

ao certo o que produzem, menos ainda como essa produção se insere numa planificação do conjunto. O que a montagem constrói é o comunismo como equivalência e fraternidade entre todos os gestos das mãos habilidosas. A montagem das atividades é, na realidade, uma grande parataxe que lembra irresistivelmente as enumerações de Walt Whitman. Ela desempenha, de fato, exatamente o papel que Emerson havia atribuído ao poeta por vir, de cuja realização Whitman se apropriou: tecer o fio espiritual que une todas as atividades, sejam elas nobres ou vulgares, modernas ou arcaicas, burguesas ou proletárias. O fluxo de presente homogêneo que a montagem acelerada engendra mistura, de fato, as temporalidades heterogêneas. É difícil considerar o polimento de unhas num salão de beleza ou a atividade de um engraxate como ilustrações da nova vida soviética. Mas o polimento de unhas se torna comunista se o filme o associa à montadora que raspa e arranha o filme, que pode se associar à picareta do mineiro que isola os veios de minério. Vertov, que não conhecia Emerson, mas conhecia Whitman, põe em marcha o princípio emersoniano: é na discórdia, na própria barbárie das temporalidades misturadas, que é preciso encontrar o fio próprio que vai unir a nova comunidade. Dois anos antes, Vertov aplicou de maneira ainda mais radical esse princípio em *A sexta parte do mundo* ao representar, para o grande escândalo das autoridades soviéticas, a realidade da vida comunista nas repúblicas asiáticas da União Soviética por meio da associação de imagens de caravanas de camelos nas estepes ou de renas na tundra; de pescadores calmucos lançando redes; de caçadores siberianos portando arcos e flechas; de nômades comendo carne crua, encharcada de sangue ainda quente; ou de muçulmanos curvados em oração. O que é comunista não é a natureza dessas atividades, mas o que as une a partir de sua própria disparidade.

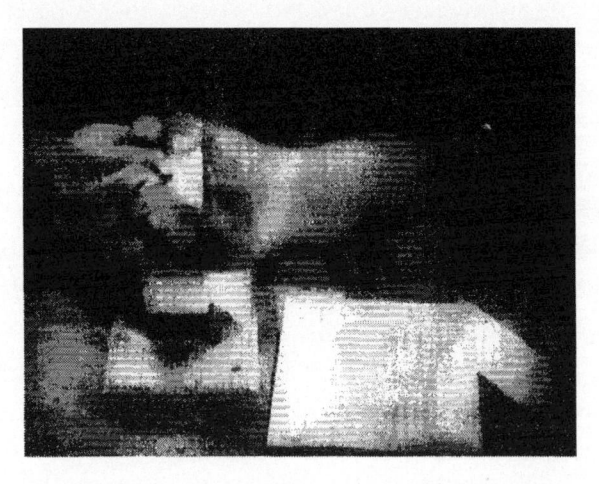

Dziga Vertov, *Um Homem com uma Câmera*, 1929

O que esse filme instaura é, portanto, um complexo jogo temporal. Ele é de vanguarda na medida em que antecipa, pela constituição de um tempo comum, esse mundo sensível comunista que, para os dirigentes soviéticos, só pode ser o resultado de um longo processo de edificação. Esse próprio tempo comum é feito a partir de uma multidão de movimentos que pertencem a temporalidades heterogêneas, das montagens dos gestos mais tradicionais às do trabalho em série. É possível fazer de todos esses movimentos unidades equivalentes de um mesmo movimento de conjunto. É propriamente a arte do movimento que desempenha o papel do novo poeta ao tomar todas as atividades e todas as temporalidades em um mesmo ritmo. O cinema é, de algum modo, o movimento de todos os movimentos, o que congrega todos os outros, mas também o que fixa em símbolos sua comunidade.

Essa operação de simbolização culmina no episódio final do filme. Após ter construído para a montagem o tempo comum de todas as atividades, o filme se entrega agora a uma nova operação: a montagem é apresentada numa sala de cinema para aqueles que tomaram parte nessas atividades durante o dia. Mas é claro que o filme não recomeçará. O que ele apresenta a seus espectadores é uma montagem de símbolos que condensam a grande sinfonia do dia. Alguns desses símbolos são tomados de empréstimo das atividades do dia, mas esse não é o caso da performance de três bailarinas que aparece aqui não como espetáculo, mas como símbolo do movimento de conjunto. A dança ocupa apenas um pequeno momento do filme, mas esse pequeno momento tem um peso simbólico suficiente para que figure nos dois cartazes desenhados pelos irmãos Stenberg para a divulgação do filme, em uma montagem bastante específica. O primeiro cartaz associa as pernas em movimento de uma bailarina ao tripé de uma câmera, enquanto seu olho está acoplado ao olho mecânico da objetiva. O segundo nos mostra uma dançarina em movimento extático, ao ponto de que seu corpo parece ser feito de pedaços disjuntos: quatro membros destacados do corpo e arranjados como as pás de uma hélice para melhor se projetar no espaço, ao mesmo tempo que uma cabeça radiante, ao centro da imagem, exprime toda a embriaguez do movimento. O símbolo é, portanto, insistente. Falta saber de que exatamente é esse símbolo. Não é simplesmente o símbolo da energia coletiva dos trabalhadores e trabalhadoras soviéticos. De forma bastante significativa, a dançarina do segundo cartaz calça sapatos de salto alto que remetem muito mais à mulher americana

Vladimir e Georgii Stenberg, cartaz de
Um Homem com uma Câmera, 1929

emancipada do que à trabalhadora de choque soviética, e a união que tanto o filme quanto os cartazes operam entre a embriaguez da dança e o movimento das máquinas nada tem a ver com as "danças das máquinas", tão populares na URSS na época, ou, menos ainda, com o culto futurista da velocidade de Marinetti. O que se exprime no movimento extático das dançarinas não é a potência do coletivo nem da modernidade industrial: é apenas a embriaguez do movimento por si mesmo.

Essa embriaguez foi encarnada por uma dançarina que havia morrido pouco antes, mas que gostaria de tê-la posto ao serviço da revolução soviética. Trata-se de Isadora Duncan. Sua dança se apresentava como a manifestação do movimento livre. O movimento livre não é um movimento livremente decidido por uma vontade artística. Pelo contrário, é um movimento que não é um objeto de escolha, um movimento que desposa o de uma vida que nunca começou e que não conhece nem interrupções nem paradas. Esse movimento contínuo que engendra incessantemente outro anula a própria oposição entre o movimento e o repouso. Essa igualdade do movimento e do repouso tem uma longa história no coração do regime estético da arte. Ela já caracterizava o estado estético, tal qual Schiller o definia, como estado de equilíbrio entre atividade e passividade. Mas a conceitualização desse estado de equilíbrio era, ela própria, o produto de uma imagem matricial: a descrição dada por Winckelmann do *Torso Belvedere*, o torso de um Hércules em repouso, no qual a calma meditação sobre as aventuras passadas é expressa unicamente pela ondulação de músculos que se fundem uns aos outros como ondas que, sem fim, se erguem e

Vladimir e Georgii Stenberg, cartaz de
Um Homem com uma Câmera, 1929

se lançam umas contra as outras.[6] A onda, movimento sempre recomeçado que iguala movimento e repouso, é o modelo da dança de Isadora Duncan. Esse também é o modelo que anima não somente a performance das

---

6. Sobre este assunto, remeto ao primeiro capítulo do livro de minha autoria: *Aisthesis. Scènes du régime esthétique de l'art*. Paris: Galilée, 2011, pp. 19-40.

três bailarinas de Dziga Vertov, mas a sinfonia do dia comunista nas fábricas e nas ruas.

Para pensar a relação *a priori* desconcertante entre o movimento imemorial da onda e a atividade da nova vida comunista, é necessário retornar a um passado ainda mais longínquo, na arqueologia dos paradigmas estéticos que são também paradigmas políticos. Essa igualdade vem, de fato, revogar a hierarquia ancestral das formas de vida: a que separava os homens ativos dos homens passivos, que os separava tanto em sua maneira de ser em movimento quanto em sua maneira de ser em repouso. No oitavo livro da *Política*, Aristóteles opõe duas maneiras de ser inativo: o repouso, tempo de pausa necessária entre dois esforços físicos, e o lazer, tempo livre daqueles que não estão submetidos às imposições do trabalho e do repouso. Essa hierarquia da inatividade era, ela própria, a outra face de uma hierarquia das maneiras de agir. O lazer era a forma de inatividade que convinha aos homens ditos livres ou ativos, que eram capazes seja de projetar para muito adiante os fins de sua atividade, seja de agir unicamente pelo prazer de afirmar sua própria capacidade de agir. O repouso correspondia à maneira de ser dos homens ditos passivos ou mecânicos, porque suas atividades não eram outra coisa além de meios de satisfazer necessidades imediatas. O que o livre movimento da onda torna emblemático é a abolição dessa hierarquia dos tempos e dos movimentos que dividia a humanidade em duas classes. O que é moderno não é propriamente o homem ou a mulher desposando, no eixo horizontal do tempo, o ritmo acelerado das máquinas, mas a abolição, em seu eixo vertical, da hierarquia que separa os homens mecânicos dos homens livres. É a redistribuição não hierárquica das formas fundamentais da experiência sensível. A tarefa da vanguarda, conforme Vertov a executa, é a de construir o novo *sensorium* igualitário no coração do qual todas as atividades são iguais e fazem parte do mesmo movimento. Essa igualdade tem somente uma condição: o movimento que a assegura é um movimento livre, que abole a diferença entre o "livre" e o "mecânico", mas também a própria separação dos fins e dos meios da atividade. O movimento livre se oferece como a forma própria para identificar a tarefa "moderna" de construir o fio que liga as atividades heterogêneas e a tarefa comunista da construção de um mundo sensível regido pela igualdade, mas ao preço de colocar em questão o motor de toda construção, quer dizer, a ação voluntária. É a conclusão paradoxal que Rudolf Laban, grande pensador da coreografia moderna, tira das descobertas de Isadora Duncan, quando, vinte anos mais tarde, se ocupa de aplicar à indústria britânica os ensinamentos da arte do movimento: "O movimento considerado, ao menos em nossa civilização, como servo do homem e utilizado para atingir um objetivo prático agora aparece como um poder independente, que cria estados de espírito frequentemente mais fortes que a vontade humana. Essa foi uma descoberta desconcertante, feita num momento em que novas produções obtidas pela potência da vontade pareciam ser o objetivo essencial do homem."[7] Essa "descoberta desconcertante" para quem vai remeter a um mesmo princípio os movimentos da dança e os da indústria torna ainda mais problemática a identificação entre movimento livre, indústria e comunismo. O conflito das modernidades, então, se torna conflito dos comunismos. De um lado, a indistinção dos meios e dos fins, própria ao movimento livre, parece definir o comunismo tal qual Marx o pensava nos *Manuscritos econômico-filosóficos*: o comunismo é a forma de sociedade na qual a atividade genérica dos

---

7. Rudolf Laban, *La Danse moderne éducative*. Trad. Jacqueline Challet-Haas; Jean Challet. Paris: Complexe/Centre national de la danse, 2003, p. 22 [ed. bras.: *Dança Educativa Moderna*. Trad. Maria da Conceição Parahyba Campos. São Paulo: Ícone, 1990].

humanos – o trabalho – se torna um fim em si, em vez de ser simplesmente um meio de sobrevivência. Essa é a forma de comunismo realizada, no movimento comum que os une, pelos gestos das trabalhadoras na fábrica de cigarro, pelas datilógrafas, as telefonistas, a manicure e a montadora, e que as evoluções das três dançarinas simbolizam. Mas esse comunismo em movimento tem uma condição: a de que cada uma de suas ações seja desconectada de sua temporalidade própria e dos fins particulares que esta visa. A sinfonia industrial comunista não visa nenhum fim, ela não produz outra coisa a não ser ela mesma. Nisso, certamente, se opõe estritamente à visão estratégica do aparelho comunista. Para este, a identidade comunista dos fins e dos meios é um fim a ser atingido, e é preciso em primeiro lugar estabelecer as condições materiais para isso. As máquinas das fábricas, os gestos dos trabalhadores e as performances artísticas não são manifestações equivalentes do movimento livre, mas ferramentas que servem, de diferentes maneiras, para criar as condições do futuro comunista. Estamos acostumados a ver, nessa oposição, a manifestação do conflito eterno entre a liberdade da criação artística e a autoridade política. Seria mais justo ver aí o conflito entre dois comunismos, dois modos de construção da própria temporalidade do comunismo.

Do ponto de vista do partido-Estado, o comunismo não pode ser antecipado. Ele não pode existir a não ser como um resultado para o qual é preciso, em primeiro lugar, estabelecer suas condições. A isso se opõe um comunismo estético segundo o qual, inversamente, o comunismo não pode existir a não ser que seja, em primeiro lugar, antecipado na construção de um *sensorium* comum de igualdade. Sabemos quais as regras desse conflito. Os construtores do comunismo "real" – quer dizer, estatal – instauram os artistas a abandonar a pretensão de tecer as formas sensíveis da nova comunidade. Somente poderia haver, para eles, um único tempo, o do antes e do depois, dos meios e dos fins, do trabalho e do repouso. A tarefa dos artistas soviéticos era servir à estratégia do partido representando os esforços dos trabalhadores e distraindo-os depois desses esforços. Eles deviam, em suma, seguir a lógica do regime representativo das artes e da hierarquia das temporalidades sobre a qual ele se fundava.

Essa repressão estatal do projeto modernista abriu o caminho para sua repressão ideológica e artística, que ironicamente tomou o nome de modernismo. O que surpreende na análise de Clement Greenberg é a maneira com a qual ele apaga a dramaturgia das temporalidades que esteve no cerne do projeto modernista histórico para deixar subsistir apenas uma temporalidade: o desenvolvimento em sentido único do capitalismo que produz, ao mesmo tempo, tanto a solidão de uma arte privada de um pedestal de valores e símbolos partilhados quanto o desenvolvimento acelerado da cultura kitsch. A partir daí, é possível para esse modernismo *new style* ignorar o que o torna possível – a repressão de um primeiro modernismo – e fazer do realismo socialista stalinista a simples versão soviética da cultura kitsch. Assim, é possível, sobretudo, restaurar essa hierarquia das temporalidades e das formas de vida contra a quais se debatiam tanto os artistas modernistas quanto os trabalhadores emancipados e as mulheres do povo, desejosas de uma outra vida. Desse ponto de vista, a genealogia de Greenberg da cultura kitsch é edificante. Ela é vista como uma consequência do êxodo das jovens e dos jovens camponeses para as grandes cidades industriais. É nelas que esses homens e mulheres descobriram, ao mesmo tempo que os horários fixos das fábricas, a existência de um tempo bastante separado, um tempo vazio que excede o necessário repouso das forças para se identificar com o lazer, que até então havia sido o tempo privilegiado dos homens "ativos". Eles e elas descobriram aí uma capacidade nova, a capacidade de sentir o sentimento próprio ao tempo vazio: o tédio. E essa descoberta os levou a "exigir da sociedade um tipo de cultura adequado a seu próprio consumo".[8] É a essa demanda que responde o desenvolvimento da cultura kitsch que agora ameaça a "grande arte", cuja preservação é, desde então, atribuída à vanguarda, ao preço de precipitar-se na decadência.

Assim se esclarece a última questão da bizarra construção temporal que sustenta o "modernismo" greenberguiano. O desastre vem para a arte, ele nos diz, quando as filhas e filhos de camponeses ou de artesãos se encontram em posse de um tempo de lazer sem ter os meios de apreciar os "valores da cultura genuína".[9] Esse julgamento vem novamente restaurar o velho mandamento platônico: os artesãos devem permanecer em suas oficinas e se consagrar unicamente ao trabalho para o qual a divindade lhes deu as aptidões necessárias, porque "o trabalho urge". Esse poderia ser, ironicamente, o princípio filosófico que sustenta esse modernismo retrospectivo e essa vanguarda a contracorrente.

---

8. Clement Greenberg, op. cit., p. 32.
9. Ibid.

O MOMENTO DA DANÇA

Falar de um *momento* da dança supõe um duplo distanciamento. Em primeiro lugar, não pretendo propor uma estética da dança de acordo com a acepção usual da palavra: um discurso que define as características de uma arte em particular a partir das características da arte em geral. Eu gostaria de delimitar um tempo específico em que a dança foi mais que uma arte: foi um paradigma da arte e da relação entre a arte e a vida. Isso supõe um segundo distanciamento, que diz respeito à maneira de pensar o tempo dessa relação. A filosofia, de fato e de bom grado, apresentou esse tempo como um tempo da origem. Ela propôs uma ontologia do corpo dançante, identificada a uma narrativa do nascimento da arte. É o caso de dois filósofos de minha geração: no livro *Allitérations*, Jean-Luc Nancy analisou a dança como a expressão de uma separação original; Alain Badiou, por sua vez, no *Pequeno manual de inestética*, fez da dança uma metáfora do pensamento, a expressão original de uma capacidade do corpo de mostrar o acontecimento do pensamento antes mesmo que esse acontecimento tenha recebido um nome. A seu modo fenomenológico, o primeiro nos convida a tomar simultaneamente o movimento primeiro da dança e o movimento primeiro do pensamento. A seu modo axiomático, o segundo enuncia, com Mallarmé, os "axiomas" da dança. Em ambos os casos, o filósofo se coloca, ele próprio, real ou imaginariamente, face a um corpo dançante e nos diz o que acontece quando um corpo se põe em movimento. Ora, para mim, esse começo da dança e da reflexão sobre a dança é algo posterior. Para que seja possível colocar em cena tanto a origem da dança quanto a dança como origem é preciso que o corpo dançante já tenha sido colocado em certa forma de visibilidade e em certo horizonte de pensamento. Esses enunciados filosóficos já supõem que a dança tenha se tornado um paradigma particular da arte.

Um paradigma da arte é essencialmente duas coisas. Em primeiro lugar, é um paradigma da relação entre o que pertence à arte e o que não lhe pertence: por exemplo, entre uma pintura num museu e um anúncio numa loja ou entre os movimentos corporais executados em cena e os gestos de um corpo numa oficina ou na rua. Em seguida, é um paradigma da relação entre o pensamento e o que não é pensamento: a luz de um quadro, o desenvolvimento de uma melodia ou o movimento de um corpo num espaço. Para que um teórico se coloque diante de uma obra de arte e nos proponha uma teoria dessa arte, é necessário que já exista todo um sistema implícito de relações entre pensamento, espaço, visão, luz, som e movimento. Esse sistema é o que chamo de partilha do sensível. O que chamamos de artes são os nós particulares dentro dessa partilha. Esses nós, por sua vez, são configurações históricas determinadas. A Arte como configuração de uma esfera determinada da experiência somente existe no Ocidente a partir do século XVIII. Quanto à dança, podemos situar o momento histórico em que entra para a Arte assim entendida. Este não é apenas o momento em que a dança é incluída na lista das artes que pertencem a essa esfera, mas também o momento em que ela incarnou um novo paradigma da arte: um novo paradigma da relação do pensamento com seu de fora e da arte com a não arte. Podemos delimitar historicamente e definir teoricamente um "momento" da dança. Esse termo não designa simplesmente um período (entre as décadas de 1890 e 1920) em que a dança se viu elevada à dignidade da Arte e ao estatuto de um novo paradigma da arte. De fato, um "momento" não é apenas uma divisão do tempo, mas também, segundo a etimologia do termo, o movimento produzido por certo equilíbrio ou desequilíbrio dos pesos sobre os pratos de uma balança. Para dizer nos meus termos, é uma certa redistribuição do sensível: uma nova maneira de perceber as performances executadas por certos corpos e de relacioná-las a outras performances e outros modos de percepção dentro de um mundo comum. É desse momento de redistribuição e do papel que a dança nele desempenha que eu gostaria de tratar.

Para a comodidade de nossa investigação, comecemos com uma passagem do filme que tomei como ponto de referência para construir meu próprio entendimento daquilo que a modernidade pode significar, *Um Homem com uma Câmera*, de Dziga Vertov. Certamente, esse não é um filme sobre a dança nem sobre a arte, de maneira mais geral. É um filme que busca construir o *sensorium* comum de uma vida nova. Justamente por isso é interessante partir do pequeno episódio que põe em cena as três dançarinas. Podemos, de fato, compreender a partir dele o papel que a dança pôde desempenhar não apenas como arte, mas como forma de movimento adequado para simbolizar o movimento global de um mundo novo.

A dança aparece em um momento bastante específico, na sequência final em que o filme volta à sala de cinema onde havia começado. Entre uma coisa e outra, o filme acompanhou as diversas atividades que perfazem a vida cotidiana das grandes cidades, do despertar matinal à diversão noturna, seja dos trabalhadores das fábricas, dos comerciantes, dos motoristas de ônibus, guardas de trânsito, bombeiros ou tantos outros mais. O filme construiu um movimento global que resulta de sua interconexão. Estamos agora no momento em que essa síntese de todas as atividades é apresentada, na sala de cinema, àqueles e àquelas que foram seus atores. A sinfonia do dia comunista é condensada em um número limitado de performances que são não tanto momentos desse dia, dessa jornada, mas símbolos da fusão de todas as atividades em um mesmo movimento global. Muitos desses símbolos, é verdade, advêm das ações que pontuaram o filme, como os gestos das telefonistas que, simultaneamente, fazem seu trabalho particular e simbolizam a comunicação de tudo com tudo. Mas esse não é o caso das três dançarinas que aparecem repentinamente na tela. Sua performance não é a lembrança de uma atividade desempenhada durante o dia nem das distrações da noite. Ela não pertence à crônica do dia: pertence ao filme como tal. Sua imagem aparece somente em superimposição a outras imagens. Ela está lá para sintetizar e simbolizar a sinfonia coletiva que todos os movimentos compuseram e a energia comum que se manifestou nos gestos das mãos e nos movimentos das máquinas: tanto no giro da máquina de fiar quanto no sorriso da operária, nos gestos das telefonistas, os movimentos dos trens e dos ônibus, a velocidade da motocicleta do *cameraman* ou de sua mão girando a manivela da câmera. Essa fusão da energia dos corpos e das máquinas numa mesma apoteose do movimento já é aquilo que os cartazes do filme desenhados pelos irmãos Stenberg simbolizavam: o movimento extático de uma dançarina é exibido, no cartaz, como idêntico ao das máquinas, idêntico ao movimento de uma vida que não conhece mais distinção entre eles. Ao simbolizar a comunidade de todos os movimentos, a dança simboliza também uma ideia da modernidade artística em harmonia com uma ideia da nova vida comunista.

Toda a questão é saber exatamente que ideia é essa. Poderíamos ver na comunidade de movimentos que simboliza o movimento de uma comunidade a versão moderna de uma política do movimento cujo paradigma foi formulado por Platão nas *Leis*. Esse paradigma era o da comunidade coral, em que os cidadãos exprimem materialmente sua unidade ao participar do coro dançante. Platão opunha esse modelo espartano da comunidade ativa ao modelo ateniense e democrático

Dziga Vertov, *Um Homem com uma Câmera*, 1929

do teatro, em que os cidadãos assistiam passivamente ao espetáculo, quer dizer, à mentira da representação em que os atores exprimem emoções que eles mesmos não experimentam, e que, na verdade, ninguém experimenta, já que são as emoções que um poeta atribui a personagens da ficção. A dança opõe a esse simulacro a arte da comunidade ativa, manifestação direta de uma forma de vida que ignora a separação, a passividade e a mentira do espetáculo. Esse modelo da comunidade coral que experimenta e exprime diretamente os elos de fraternidade foi ressuscitado no século XVIII. É esse modelo que Rousseau, na *Carta a d'Alambert*, opõe aos simulacros do teatro, às pseudolições de moral que ensinam apenas o egoísmo e a mentira e à alegria ilusória desse espetáculo, pela qual um povo, transformado em público de espectadores passivos, sacrifica a possibilidade de uma alegria real. Mas essa reabilitação da *khoreía* platônica ecoa também uma revolução proclamada, no mesmo ano, no próprio terreno da dança: em 1758, Jean-Georges Noverre publica as *Cartas sobre a Dança*, nas quais denuncia a arte do balé que, no tempo de Luís XIV, havia sido codificada como um jogo de posturas nobres, movimentos virtuosísticos e figuras complicadas que simbolizavam todo um modo de vida aristocrático. Essa pretensa distinção aristocrática era, para ele, o oposto: tratava-se de uma pura performance física que obedecia a um conjunto de convenções mecânicas que não contava nenhuma história e não exprimia nenhuma emoção. Para se tornar uma arte, a dança deveria não somente abandonar os exercícios de virtuosismo elegante e reencontrar a antiga tradição romana da pantomima, mas também elaborar uma linguagem de gestos e de posturas capaz de contar histórias e exprimir situações e sentimentos. Ela deveria também representar personagens e situações similares àquelas que são encontradas na vida real, em todas as condições sociais. Essa reforma da dança ecoou a reforma da arte dramática que Diderot propõe em *Conversas sobre o Filho Natural*. Dessa maneira, a arte mecânica do balé e a arte convencional da atuação dramática seriam despejadas em prol de uma arte única do corpo expressivo que fala a língua universal do movimento.

Bem sabemos o papel desempenhado por essa ideia de uma linguagem expressiva do movimento em toda a história da dança e da performance modernas e em suas tentativas de identificar uma nova forma de arte à invenção de uma vida nova. Não é à toa que um dos grandes mestres da dança moderna, Rudolf Laban, presta homenagem ao "balé de ação" de Noverre. E também não é à toa que a ideia de expressão está tão fortemente ligada, na Alemanha dos anos 1920, ao projeto de uma nova dança que encarna o *Ausdruckstanz* de Mary Wigman. Assim, pareceria natural inscrever nessa linhagem a performance das três dançarinas em um filme que, justamente, pretende tanto estar escrito apenas na língua do movimento quanto condensar a energia de todos os movimentos que compõem a nova vida do comunismo. No entanto, não é essa ideia da dança que pode fazer dela o movimento que exprime a nova vida, e a razão para isso é simples: Noverre e Diderot, junto com Platão, opõem à mentira da mimese teatral a verdade do movimento expressivo. Mas esse próprio movimento é concebido como uma linguagem, uma linguagem direta do corpo, que dá às emoções da alma seu vocabulário adequado. O que eles opõem à mimese é uma linguagem mais exata, uma mimese mais radical. Por outro lado, o movimento das dançarinas de Vertov é estranho a toda mimese. Ele não conta nenhuma história. Ele não exprime nenhuma verdade invisível das emoções humanas nem, muito menos, forças inconscientes que agitam os corpos. Ele não exprime nada além do movimento: o movimento pelo movimento, livre de todo objetivo a ser alcançado, de todo sentimento determinado a ser exprimido e de toda força inconsciente que se manifesta por meio dele. Não se trata de uma das "danças de máquinas" que na época estavam na moda na URSS e que foram imortalizadas em uma fotografia de Margaret Bourke-White. Também não se trata de uma dança expressiva que exprima a energia coletiva dos construtores do comunismo pelos corpos aglutinados em enxame que se encontram em certas coreografias de Mary Wigman. Trata-se simplesmente de um movimento livre que encontra em si mesmo sua razão. É isso que, há duas ou três décadas, a arte da dança procurava ao mesmo tempo ilustrar e simbolizar: a arte do movimento livre, a arte em que a performance é idêntica ao livre exercício do movimento.

Toda a questão é, evidentemente, saber o que quer dizer exatamente essa liberdade e como ela se manifesta. Podemos compreender isso com a ajuda de duas figuras emblemáticas, que encarnaram a arte do livre movimento e estabeleceram as configurações pelas quais é possível identificar a performance do corpo dançante com a atividade de uma nova vida. A primeira é Isadora Duncan. Ela ilustrou particularmente a ideia do movimento livre. Este último não é o movimento por meio do qual o artista se exprime ao combinar livremente os gestos de sua performance. Um movimento não é livre simplesmente pelo fato de não ser determinado por nenhuma força exterior. Ele é livre quando nenhuma força o determina, nem mesmo a força de uma decisão voluntária. Ele é livre quando é seu próprio gerador. O movimento livre é um movimento contínuo que engendra incessantemente um outro movimento. Esse movimento contínuo repudia a oposição nietzscheana da aparência apolínea e das forças dionisíacas subjacentes. As dançarinas de Vertov combinam as duas características da imagem de Isadora Duncan: elas são como mênades apolíneas, assim como ela agitadas pelo frenesi já presente no movimento calmo e regular da onda que quebra na margem. A metáfora da onda desempenha um papel essencial em Isadora Duncan porque nela a ondulação pacífica da linha se iguala ao desencadeamento da vida universal. A "liberdade" do movimento é a calma identidade dos contrários que está no cerne do regime estético da arte. Ela havia encontrado sua formulação teórica na definição de Schiller do estado estético como estado de equilíbrio entre atividade e inatividade. Essa própria fórmula, contudo, foi tornada possível pela análise do movimento livre já presente na descrição paradoxal do *Torso Belvedere* feita por Winckelmann, que descreveu um Hércules inativo. Privado dos membros necessários à ação, o herói meditava calmamente sobre seus feitos passados. Mas, como também não tinha mais cabeça, sua meditação era expressa unicamente pela ondulação de seus músculos, que se fundiam uns nos outros à maneira das ondas do mar, que se elevam e se assentam infinitamente. Essa relação direta estabelecida por Winckelmann entre o infinito do pensamento e o incessante movimento das ondas define adequadamente um paradigma da arte no regime estético. Esse é o paradigma que a dança vem ilustrar. A dança não é simplesmente a expressão da potência impessoal da vida universal, ela exprime também um modo paradigmático da presença do pensamento no que é estranho a ele.

A relação do pensamento com o não pensamento deve ser também uma relação da arte com a não arte e, assim, da equivalência entre a performance da arte e o movimento da nova vida, da vida revolucionada. O que iguala o livre movimento da dança ao modo de existência de uma comunidade emancipada é a ruptura que ele simboliza em uma hierarquia ancorada nas profundezas da experiência sensível: o que distinguia dois tipos de seres humanos, os que eram chamados ativos e os que eram chamados passivos ou mecânicos. Os primeiros podiam projetar diante de si os fins de sua ação e, por outro lado, agir só pelo prazer de agir. Dessa maneira, podiam desfrutar do lazer, a forma de inatividade que é um fim em si. Os segundos não conheciam outra forma de atividade além daquela que atendia às necessidades imediatas da vida nem outra forma de inatividade além do repouso necessário para recarregar suas forças entre dois períodos de gasto de energia. O livre movimento do corpo dançante aparece, então, como a forma de exercício sensível que anula essa hierarquia dos corpos, dos movimentos e das temporalidades. O emblema desse livre movimento é a onda, cujo movimento imemorial exprime naturalmente o novo universo da indústria, que é o universo da eletricidade, energia imaterial que anima o mundo material. Assim, o casamento do corpo dançante e da máquina ganha seu sentido. Não se trata da glorificação da máquina, mas da abolição da hierarquia que separa os homens mecânicos dos homens livres. O homem "mecânico" não era aquele que se ocupava das máquinas, mas, de acordo com a etimologia da palavra, aquele que estava confinado ao universo dos meios. A união do corpo dançante e da máquina simboliza, ao contrário, um universo sensível em que os meios e os fins não são mais dissociados. Essa indistinção está no cerne do regime estético da arte. Ela encontrou sua formulação mais célebre na *Crítica da Faculdade de Julgar*, de Kant: "*Beleza* é a forma da *finalidade* de um objeto, na medida em que é percebida nele sem a *representação de um fim*."[1] Mas ela também está presente no cerne da definição marxiana do comunismo, no cerne da formulação dessa "revolução humana" que vai além da simples revolução política. O comunismo é a reversão desse mundo invertido em que o trabalho, a atividade genérica que exprime a essência do ser humano, é reduzido a um simples meio para a reprodução de sua existência. É a não separação dos meios e dos fins. A identidade fundamental do modo de experiência estético e do modo de ser comunista encontra sua expressão adequada quando os movimentos da dança – a arte estética por excelência – vêm sintetizar e simbolizar os movimentos do dia comunista, movimentos iguais que constroem um mundo comum.

A questão não é, no entanto, apenas saber *o que* a arte da dança simboliza, mas *como* ela o faz. A performance das três dançarinas no filme de Vertov não é a energia vital da comunidade nova que explode sobre a

---

1. Immanuel Kant, *Crítica da Faculdade de Julgar*. Trad. Fernando Costa Mattos. Petrópolis: Vozes, 2016, KU 5: 236, p. 132.

tela. É uma imagem de movimento que a montagem articula a outras imagens. A respeito disso, três traços são significativos. O primeiro é que as dançarinas dançam em superimposição. Sua imagem aparece acima de um piano. Mais abaixo, vemos as mãos de uma pianista ao teclado e, atrás dessas mãos, outra imagem em superimposição, a de uma regente de orquestra. Quando essa última imagem se apaga, o teclado se encontra multiplicado por sua própria reflexão. Assim, as dançarinas nunca estão sozinhas, há sempre outra imagem que as acompanha e oferece uma analogia de sua performance. O segundo traço significativo é que as imagens da dança alternam com as do público – esse público composto de trabalhadores e trabalhadoras do dia-jornada. O terceiro é que elas são substituídas por outros símbolos do movimento contínuo: as telefonistas que, sem cessar, conectam e desconectam os cabos; as datilógrafas; a circulação nas ruas; os aviões em procissão no céu ou a roda de fiar em superimposição com o rosto sorridente de uma operária. A imagem do movimento comum é ao mesmo tempo produzida, redobrada e quebrada por um jogo constante de relações entre imagens. Assim, a dança não oferece um simples paradigma da unidade, mas antes um paradigma de relação. Ela é sempre ligada materialmente ou remete simbolicamente a outra coisa que não ela mesma.

Para compreender o jogo dessa relação, vale a pena nos debruçarmos sobre a performance de outra dançarina e o comentário de um poeta que aparentemente nada tem a ver com a revolução comunista. Em 1893, no palco do Folies-Bergère, Mallarmé assistiu à dançarina americana Loïe Fuller[2] e se pôs a formular os princípios de uma "estética restaurada", que se podia depreender dos movimentos giratórios que ela executava com seus véus, tornados iridescentes por coloridas projeções luminosas. Esses princípios eram os de uma identidade exemplar dos contrários, de uma entremistura perfeita dos tempos. Para Mallarmé, a dança de Loïe Fuller era a fusão de uma "embriaguez de arte" e de uma "realização industrial".[3] Ela vinha da América, mas era grega em seu princípio, clássica ao mesmo tempo que absolutamente moderna. Essa dança era moderna, quer dizer, emancipada da forma representativa do balé porque se dava em um palco

---

2. Há registro fílmico da *Dança Serpentina* criada por Fuller, realizado em 1896 pelos irmãos Lumière e hoje de fácil acesso. Embora a dançarina do filme não seja a própria Loïe Fuller, nele ficaram registrados algo da coreografia e do jogo de luzes de sua dança. [N.T.]

3. Stéphane Mallarmé, "Outro estudo de dança". In: *Divagações*. Trad. Fernando Scheibe. Florianópolis: Ed. da UFSC, 2010, p. 125.

vazio e sem qualquer cenário, não contava história alguma e não mimetizava os sentimentos de nenhum personagem. Era unicamente o exercício de um movimento giratório pelo qual a dançarina criava o espaço material e imaginário de sua performance apenas com "a simples emoção de seu vestido".[4] O texto em francês diz "avec le seul émoi de sa robe".[5] A tradução pode descrever corretamente a performance de Loïe Fuller, mas perde o tropo da palavra *émoi*, utilizada por Mallarmé. *Émoi* é uma palavra um pouco arcaica que adquiriu, no tempo de Mallarmé, um ar mais sentimental. O uso dessa palavra faz com que o paradoxo seja ainda mais acachapante: toda a "emoção" expressa na dança de Loïe Fuller é a de um pedaço de tecido, coisa que em tese não tem absolutamente nenhuma emoção. A "emoção do movimento" é o único conteúdo da performance, e seríamos tentados a identificar essa emoção com a exploração, pela artista, das propriedades de seu meio, algo que está no coração do paradigma dito modernista. Mas Mallarmé logo afasta essa ideia da

---

4. Ibid., p. 126.
5. Id., "Autre étude de danse. Les fonds dans le ballet", *Divagations*. In: *Œuvres Complètes*. Org. Bertrand Marchal. Paris: Gallimard; Bibliothèque de la Pléiade, 2003, t. II, p. 175.

modernidade. Segundo ele, o prodígio que Loïe Fuller nos propõe é "grego", "clássico e, ao mesmo tempo, inteiramente moderno".⁶ Essas palavras devem consideradas com seriedade. O que é clássico é a união da forma e do conteúdo. A performance de Loïe Fuller não exprime a pura exploração formal ou o simples virtuosismo que traduz o estatuto de uma artista de vanguarda, rompendo com todo sistema de referências em comum. Ela é, pelo contrário, a exploração de uma nova forma de simbolização do comum. A bailarina é uma "figurante", quer dizer, uma criadora de figuras que ilustram um "tema giratório em que estende uma trama longe desabrochada".⁷ Não se trata de uma artista utilizando o artifício de um pedaço de tecido para produzir movimentos quaisquer. Os movimentos que ela produz com seu vestido remetem todos a um modelo fundamental: são movimentos de expansão e de dobradura. Eles simbolizam uma essência do movimento como aparição e desaparição, eclosão e dobradura. Ora, é precisamente aí que, para Mallarmé, o próprio movimento dos fenômenos naturais

---

6. Id., "Considérations sur l'art du ballet et la Loïe Fuller ", *National Observer*, 13 mai 1893. In: *Œuvres Complètes*, op. cit., t. II, p. 314.
7. Id., "Outro estudo de dança", op. cit., p. 125.

se transforma nas formas de um mundo sensível comum: o nascer e o por do sol, o desabrochar das flores, o voo dos pássaros, a espuma branca sobre as ondas. O artifício da arte, por meio do qual ela inventa símbolos para exprimir a maneira que os humanos têm de estar em comunidade, é homogêneo ao próprio movimento pelo qual um mundo se torna mundo. Essa essência do movimento como forma de mundo foi posta, pelo balé tradicional, a serviço de uma história a ser contada e de uma exibição de virtuosismo. O balé tradicional havia transformado o movimento em relação hierárquica da primeira-bailarina, a estrela, com o corpo de baile anônimo que a acompanhava. A dança de Loïe Fuller inverte essa inversão e remete o movimento radiante da estrela a sua verdade: a expansão pela qual a autoafirmação da artista se dissolve na criação de um meio impessoal da arte. Ao invés de explorar as possibilidades de *seu* meio, Fuller se move para criar *um* meio, o lugar de uma relação ou de uma mediação em que seu movimento "expande a si mesmo".

Por outro lado, a expansão do movimento que cria esse meio impessoal tampouco é a potência panteísta que estaria simbolizada na metáfora da onda. A dança não é o movimento extático que exprime e transmite a energia da vida universal. O que ela constrói e comunica ao espectador são imagens. De fato, a grande metáfora se dá, em Mallarmé, em um jogo de metonímias: não é bem a onda, mas a espuma que a coroa; não exatamente o pôr do sol extravagante, mas "sobressaltos tardados decorativos de céus, de mar, de anoiteceres, de perfume e de espuma".[8] Esse jogo de metonímias participa de uma economia geral dos deslocamentos, das analogias e das traduções: arrepio de um vestido, casamento desse "émoi", esse arrepio, com os jogos de luzes coloridas, "transição de sonoridades aos tecidos",[9] tradução de gestos de um corpo em propriedades de um espaço. Mas essa própria tradução só existe para um tradutor potencial. Os sobressaltos dos céus, do mar, do entardecer, do perfume e da espuma que são desenhados pelo jogo do tecido e da eletricidade não existem no palco. Eles existem apenas como uma tradução dos movimentos da dançarina operada pela fantasia do espectador. O movimento da vida impessoal só existe na condição de uma dupla translação ou dupla tradução: a da dançarina, que cria um meio fora dela mesma, e a do espectador, que traduz o texto ou um dos textos possíveis que o movimento escreve

8. Ibid., p. 127.
9. Ibid., p. 126.

sem palavras.

A dança não é a nova arte do movimento, que repudia as velhas artes da escrita e da imagem para se entregar espontaneamente ao ritmo dos corpos e das máquinas que criam um novo mundo. O que ela coloca em movimento ainda são imagens, frases-imagens que se associam a outras imagens e se traduzem em outras frases. O casamento entre "a embriaguez de arte" do vestido de Loïe Fuller e a "realização industrial" das projeções coloridas que tornam seu vestido iridescente parecem fornecer um modelo ideal à fusão entre a grande sinfonia do movimento e a performance das bailarinas de Vertov, mas essa promessa de fusão é logo recusada. A performance das três bailarinas extáticas não é a manifestação da nova vida, mas uma maneira de escrever em imagens, uma metáfora que primeiro traduz o movimento das máquinas de fiar ou os gestos das telefonistas para depois ser ela mesma traduzida por esses movimentos e gestos. A grande sinfonia da nova vida na qual a arte deve se derreter continua a ser uma cena de metáforas e metonímias dentro das quais todas as atividades são imagens que se traduzem infinitamente umas nas outras.

Já evoquei anteriormente a distância entre o comunismo que essa apoteose do movimento buscava construir e o comunismo que o poder soviético pretendia fundar. Mas o que me interessa aqui é outra coisa: o que essa manifestação do movimento no palco nos revela da própria dança? Ou, mais precisamente, o que ela nos revela do paradigma que ela oferece da dupla relação entre o pensamento e o sensível e entre a arte e a não arte? Essa dança em superimposição, tomada numa cadeia de imagens que se intertraduzem, coloca em questão a maneira dominante com que a dança é frequentemente pensada: como lugar privilegiado de um primeiro encontro entre a arte e a vida. Comentei aqui dois exemplos de colocação filosófica desse "primeiro encontro". Em Nancy, a dança é o movimento original pelo qual um corpo começa a sair da indistinção primitiva, materializada pelo chão sobre o qual esse corpo repousa, como uma criança no ventre de sua mãe. Em Badiou, é a primeira performance intelectual do corpo que se eleva do chão para manifestar sua aptidão para receber ideias. A dança não é uma arte, ele diz. É a manifestação, ainda não artística, da disposição do corpo para a arte. O "primeiro encontro" é, portanto, o momento em que o corpo se vê chamado a cumprir seu destino aéreo, sua vocação platônica de "planta do céu". Há nisso dois problemas. De saída, é uma contradição ao esforço de um grande número de dançarinos e coreógrafos modernos e contemporâneos que intencionaram, pelo contrário, devolver o corpo à terra, fazer com que ele manifestasse suas raízes terrestres. À época de Vertov, esse movimento encontrava sua expressão máxima na *Dança da feiticeira* (*Hexentanz*) de Mary Wigman, que pressionava as mãos contra os joelhos para bater com mais força no chão. À época de Yvonne Rainer e do Judson Dance Theater, esse pendor para o chão se manifestou como preocupação de remeter a dança aos atos e tarefas mais ordinários do corpo em movimento: andar, mudar de direção, sacodir a cabeça, abrir os braços, inclinar-se, endireitar-se, pegar objetos nas mãos etc. Por outro lado, a interpretação filosófica do corpo que se retira do chão e a vontade artística de remeter, inversamente, a dança ao chão têm ainda algo em comum: ambos validam, mesmo que por vias opostas, uma visão da dança como um momento de uma relação primeira e solitária do corpo com o chão. É essa solidão do movimento que a montagem de Vertov nos leva a questionar. Na sequência que analisada, a dança nunca está sozinha. As três bailarinas dançam em superimposição, e suas evoluções se dão em um movimento global no qual participam igualmente tanto as máquinas das fábricas quanto a multidão na rua ou o balé de garfos e colheres improvisado por um membro do clube dos operários. Poderia se dizer que isso é uma escolha do diretor ou um procedimento da montagem, mas essa escolha não é arbitrária, e a montagem não é apenas a obsessão dos cineastas revolucionários em conectar todas as coisas. Em sua maior generalidade, a montagem é a prática que junta coisas que não ocorrem juntas, que não parecem combinar umas com as outras ou que nunca haviam sido combinadas. É o que igualmente acontece com a relação entre os pés e o vestido da dançarina americana e a fantasia interior do delicado poeta francês. Também é o que ocorre com a relação entre a dança, o trabalho em série, as atividades cotidianas e a montagem cinematográfica que junta isso tudo. A dança simboliza a traduzibilidade de todos esses movimentos uns nos outros. No filme de Vertov, ela está reduzida ao mínimo: é apenas a equivalência formal dos gestos e a igualdade aritmética das quantidades de movimento. Essa equivalência não deve ser nem simbolizada. Uma forma de movimento deve traduzir a equivalência de todos os movimentos e criar, assim, um intervalo na grande sinfonia panteísta. Essa sinfonia é proposta a todos aqueles cujos gestos a produziram como sendo o próprio sentido da comunidade que suas ações tecem diariamente, mas ela é proposta a eles na condição de espectadores. Claramente, o cineasta se encarrega de apresentar, ele mesmo, a resposta desses espectadores, que é restrita e determinada por ele: o público fica estarrecido diante das reviravoltas da montagem. É que, para os cineastas dessa geração, a montagem é duas coisas. Ela é uma combinação inédita de elementos, mas, ao mesmo tempo, uma fé no poder dessa montagem: a espera de que esses fragmentos vão se montar na mente do espectador, de acordo com a intenção do artista, e de que a energia dos movimentos utilizados produza no espectador uma energia correspondente.

Ora, se a dança tem uma ligação com a montagem, é de um modo que recusa o triplo sonho de uma exata tradução do sentido, de uma exata translação do movimento e de uma equivalência entre uma maneira de fazer sentido e uma maneira de colocar em movimento. Mallarmé nos lembra da distância entre a performance da dança e a "tradução" que o espectador dela faz. A dança não é o movimento que engendra naquele ou naquela que lhe assiste um outro movimento. Ela é uma síntese singular de estados sensíveis que convida o espectador ou a espectadora a uma outra síntese. Não há, justamente, qualquer equivalência. O que há é uma lacuna entre a performance sensível da dançarina e o trabalho invisível da fantasia do espectador que se esforça para "traduzir" essa performance. Essa relação não tem uma linguagem própria e se exprime na forma de quiasmo: há tão somente o movimento do corpo e a fantasia que tenta preencher essa lacuna inventando um equivalente desse movimento. E ela precisa fazer isso porque o próprio movimento é dividido. Isso é o que quer dizer a declaração provocativa de Mallarmé: a bailarina não dança. Ao contrário, ela escreve. Mas ela escreve de uma maneira bem peculiar, que não imita nenhuma significação. Quero dizer, não se trata nem de uma linguagem própria do movimento, a ser compreendida como um arranjo de figuras que pertenceriam ao vocabulário do balé, nem de um novo alfabeto do movimento, como o inventado por Rudolf Laban. O que se passa entre o palco e a plateia não é nem a comunicação de um sentido nem a transmissão de um movimento. É justamente algo entre os dois. A bailarina, escreve Mallarmé, evolui no espaço como uma metáfora que resume "um dos aspectos elementares de nossa forma".[10] Mas essa metáfora, por sua vez, não tem tradução em nenhum dicionário de

10. Stéphane Mallarmé, "Balés". In: *Divagações*. Trad. Fernando Scheibe. Op. cit., p. 121.

tropos. Pelo contrário, ela fala unicamente pela própria indeterminação do que ela diz. A dança poderia ser, mais do que qualquer outra, a arte que exprime o paradoxo kantiano da finalidade sem fim. É um movimento liberto dos fins habituais do movimento destinado a uma finalidade particular. Mas não é por isso que esse movimento tem o seu fim nele mesmo. Ele se apresenta como *destinado a*, mesmo que não tenha nenhum destino determinado. Dizer que o movimento é uma linguagem é, de fato, dizer que ele é mais que um movimento: é uma síntese de estados sensíveis que se dá como uma tradução. É a tradução de um texto que ainda está para ser escrito e que o espectador deve, de alguma maneira, retraduzir, sem usar nenhum dicionário, em uma outra síntese de estados sensíveis. As imagens do movimento se integrarão em um *continuum* próprio de experiências do mundo, de espetáculos entrevistos ou sonhados, de imagens, ações ou fantasias. Mallarmé fala dos "sobressaltos tardados decorativos de céus, de mar, de anoiteceres, de perfume e de espuma". Esse léxico da era simbolista está um pouco distante de nós, mas nos diz algo que pode ser expresso em termos mais sóbrios, kantianos: a dança é, por excelência, uma arte das *ideias estéticas*. As ideias estéticas são essas ideias da imaginação que preenchem a lacuna entre os fins conscientes da arte e a experiência estética de uma finalidade sem fim. Em Kant, essas ideias são ainda as do artista, mesmo que ele próprio não esteja consciente do processo de sua formação. O que, para ele, era a obra do gênio inconsciente pode ser antes pensado como o trabalho de criação de um meio sensível impessoal, partilhado pela escrita sem palavras da dança e a tradução muda do espectador.

Para mim, é esse duplo movimento de tradução-translação que deu à dança sua função paradigmática. A cena do filósofo que assiste ao movimento original da dança é uma redução da dramaturgia, mais complexa, do espectador-poeta que traduz um movimento, e esse movimento, por sua vez, é como a tradução de um texto que não existe, de um texto que está esperando. A cena "original" é segunda em relação a uma cena ainda mais original, que não é uma cena de origem, mas, justamente, de tradução. Ela é segunda em relação ao dispositivo analógico que se vê tanto no espetáculo de Loïe Fuller quanto na tela de *Um Homem com uma Câmera*. A dança desempenha o papel de paradigma pelo duplo distanciamento que mantém seus gestos a uma dupla distância: tanto dos gestos designados a uma função útil quanto de uma coreografia fusional da comunidade. No entanto, esse duplo distanciamento foi frequentemente reprimido pelos coreógrafos modernos, seja por trás da *mise en scène* da energia coletiva ou da redução aos gestos ordinários. E, não menos frequentemente, retornou, como na dança dita pós-moderna. Os anos 1960 testemunharam a grande afirmação de uma dança que queria calçar tênis em Terpsícore, distanciando-a tanto das sapatilhas do balé clássico quanto dos pés nus da "dança de expressão" para aproximá-la das formas essenciais do movimento e dos gestos do cotidiano.[11] Vinte anos depois, vários dançarinos e coreógrafos que adotaram esse programa reintroduziram as formas e sequências advindas do vocabulário do balé clássico. Não se trata, acredito, de um retorno nostálgico ao esplendor passado do balé. Não era esplendor que faltava ao balé de tênis. O problema era, antes, saber o que aquele tênis traduzia ou de que era analogia. O que retorna é o "momento da dança", o peso histórico de um modo de exercício que separa, de dentro para fora, a aparente unidade de um movimento originário para nela introduzir o intervalo de uma tradução, quer dizer, de uma relação analógica entre dois traçados: o do movimento e o da escrita.

11. Sally Banes, *Terpsichore in Sneakers. Post-modern Dance*. Middletown, CT: Wesleyan University Press, 2011.

É o que testemunha magistralmente a peça de Lucinda Childs, que tem um título e um ano emblemáticos: *Dança* (1979). Essa obra não é notável simplesmente pela apoteose do movimento advindo do crescendo de figuras repetitivas que traduzem, no espaço, a música repetitiva de Philip Glass. Ela é notável por um uso da analogia que parece inscrevê-la diretamente na linhagem da dança de Loïe Fuller, tal qual Mallarmé a decifrou, ou da dança duncaniana que Dziga Vertov traduziu em máquinas rodopiantes. No entanto, Lucinda Childs foi mais longe ao fazer da dança sua própria analogia: as imagens das dançarinas e dos dançarinos eram projetadas numa tela transparente, numa montagem imaginada por Sol LeWitt. A dança era, assim, executada em um espaço redobrado: no espaço real do palco e no espaço imaginário definido por suas imagens aumentadas na tela de tule. Era executada como sua própria tradução – uma tradução que amplificava o movimento somente para subtraí-lo da realidade, para já o aproximar da tradução imaterial dos espectadores. Os encantamentos desse novo casamento entre a "embriaguez de arte" e a "realização industrial" parecem bem distantes do minimalismo das peças que a mesma Lucinda Childs executava ou criava quinze anos antes. Mas o redobramento do movimento que ela põe em ação já estava presente, de uma forma mais prosaica, em uma peça de 1964, *Street Dance*, em que os dançarinos na rua tinham a modesta tarefa de apontar para alguns detalhes dos prédios, das vitrines ou dos postes para um espectador que os via de cima, por meio de uma fita cassete, através das janelas de um loft.

O fato é que esse processo de tradução não está reservado apenas às coreografias sofisticadas. Podemos encontrá-lo mesmo nas formas da performance mais decididamente minimalistas. É o caso de uma das *Five Dance Constructions* apresentadas em 1961, em Nova York, por Simone Forti, intitulada *Platforms*, que apresenta a mais minimalista das performances corporais. Uma mulher e um homem deslizam, escondidos sob caixas de madeira no chão. Não há sequer uma parte do corpo visível. Poderíamos dizer, como Mallarmé em "Um lance de dados", que "nada terá tido lugar, senão o lugar".[12] Sabemos, no entanto, que Mallarmé logo anula a hipótese desse "nada" ao adicionar-lhe um "senão". Esse suplemento excepcional pelo qual "um local se funde com o além" é uma constelação que

---

12. Stéphane Mallarmé, "Um Lance de Dados Jamais Abolirá o Acaso". Trad. Haroldo de Campos. In: *Mallarmé*. Org. Augusto de Campos; Décio Pignatari; Haroldo de Campos. São Paulo: Perspectiva, 1991, p. 170-171.

inscrevia "sobre alguma superfície vacante e superior"[13] a transposição luminosa do Número. Em *Platforms*, o suplemento ao nada se limita a um assobio. Em suas caixas, o dançarino e a dançarina assobiam um para o outro. Dessa maneira, a história de amor e a performance corporal se encontram ambas reduzidas à manifestação mais básica da vida humana e do movimento: a respiração. Mas ela é suficiente para criar um espaço de analogia, por menos que os espectadores sentados em círculo associem esses assobios distantes com tal ou tal canto de amor ou de separação como, por exemplo, a "melodia antiga", a melodia do pastor que Tristão, deitado longe de Isolda, escuta no começo do terceiro ato de *Tristão e Isolda*, de Wagner. Um assobio está bem distante de um corne inglês, mas a tarefa do espectador é justamente a de transformar um no outro. É esse papel do espectador, o de prolongar a chamada do assobio, que ilustra uma das gravações de *Platform*. Em um momento de intensidade máxima do "duo de amor", a câmera se distancia das duas caixas e focaliza o rosto de um jovem rapaz que assiste e escuta atentamente, completando a performance, mas seu rosto não nos diz *como* ele o faz. Esse close nos remete

---

13. Ibid., p. 173.

a um outro filme dedicado a uma performance bem diferente: *A flauta mágica* na versão de Ingmar Bergman, em que a câmera nos faz perceber a música da abertura conforme é "refletida" no rosto de uma menina. Indo mais longe, o close nos remete ao texto em que Eisenstein diz ter tido a ideia da "montagem da atração" ao observar, durante um ensaio de teatro, o rosto de uma criança sobre o qual todos os acontecimentos da cena se refletiam.[14] Dali Eisenstein tira o projeto de uma arte capaz de produzir diretamente os efeitos refletidos por esse rosto a fim de "trabalhar" a consciência dos espectadores. Reconhecemos aí a ilusão do domínio característica à ideologia da montagem: a que confunde a produção de uma performance com a produção de seu efeito. De fato, a reflexão no rosto do espectador não completa a performance do artista senão ao passar por um meio da tradução-translação em que esta se despoja de seu domínio.

Poderia se dizer que estou comentando aqui um filme sobre a performance em vez da própria performance. Mas o movimento lateral da câmera para o público não é um sortilégio para animar a austeridade do

---

14. Sergei Eisenstein, *Mémoires*. Trad. J. Aumont. Paris: UGE, 1978, t. I, p. 236 (10/18).

espetáculo. Ele é convocado pelo próprio dispositivo da performance. Esta não existe a não ser pelo espaço de translações e traduções que ela suscita em torno de um som emitido por dois corpos invisíveis. Tanto em suas formas mínimas quanto em suas formas espetaculares, a dança é uma arte do deslocamento e da tradução. É o que nos lembra uma performance de um gênero totalmente diferente, concebida por dois coreógrafos franceses, Anne Kerzerho e Loïc Touzé. Eles reuniram no espaço da performance um certo número de pessoas que exercem uma certa habilidade corporal em seu trabalho cotidiano. Mas eles não estão reunidos aí para compor, como nos anos 1960, uma coreografia tirada dos gestos do trabalho ou da vida cotidiana, e sim para se sentarem às mesas e falarem. É para traduzir seus gestos hábeis em uma narrativa proposta aos outros e escutar a narrativa na qual os outros traduzem suas próprias habilidades. Essa troca de traduções pode nos lembrar do princípio da emancipação intelectual formulado há quase dois séculos por Joseph Jacotot: um homem emancipado ou uma mulher emancipada é uma pessoa capaz de falar da atividade que exerce, capaz de conceber essa atividade como uma forma de linguagem. Falta ainda entender o que "linguagem" quer dizer. Linguagem não é um sistema de signos, mas uma potência de dirigir-se. Essa potência visa tecer uma certa forma de comunidade: uma comunidade de seres que partilham um mesmo mundo sensível e que, mesmo permanecendo distantes um dos outros, criam figuras para comunicar através dessa distância, preservando-a. Uma comunidade emancipada, para Jacotot, é uma comunidade de narradores e tradutores. É talvez nesse sentido inesperado que a dança é, como dizia Mallarmé, uma arte emblemática ou um emblema da arte.

MOMENTOS CINEMATOGRÁFICOS

O título que dei a este capítulo deve ser entendido em diversos sentidos. Primeiramente, os momentos em questão são três passagens de filmes que eu gostaria de comentar. Mas também esses três filmes, dos quais destaquei essas passagens, correspondem a três momentos diferentes da história do cinema: o momento experimental dos anos 1920; o momento clássico do cinema hollywoodiano, representado por um filme de 1940; e o momento contemporâneo, ilustrado por um filme do começo deste século. Escolhi esses momentos de filmes situados em momentos diversos da história do cinema porque esses filmes nos falam de seu tempo, no sentido corriqueiro do termo: eles nos falam do momento histórico em que foram concebidos e produzidos, testemunham de diferentes maneiras conflitos, esperanças e desilusões que marcaram a história do século XX. Por fim, e isso é o mais importante, os autores desses filmes adotaram, para nos falar de seu tempo, certo tratamento do tempo cinematográfico. Refletir sobre esses momentos cinematográficos será, portanto, trabalhar com a relação complexa entre várias temporalidades: entre os modos de estruturação do tempo em ação no encadeamento das imagens desses filmes, a transformação desses modos na história do cinema e as relações com a história global que procuram exprimir. Gostaria de mostrar como o cinema utilizou, para pensar e exprimir a história à qual pertence, seu recurso mais essencial: sua capacidade de colocar vários tempos em um mesmo tempo, quer dizer, vários modos de temporalidade em uma sequência temporal determinada. Os três momentos escolhidos apresentam, assim, diversas combinações entre diferentes modos de articulação temporal: entre continuidade e fragmentação, encadeamento e repetição, sucessão e coexistência. Mas eles são também, na mesma medida, maneiras de apreender o tempo da História entendida como destino coletivo. Tentarei mostrar como esses momentos o fazem numa tensão entre diversas temporalidades: uma temporalidade da narrativa, uma temporalidade da performance e uma temporalidade do mito. Essas noções serão tratadas mais precisamente na análise de cada momento. Por enquanto, me contentarei em dar uma definição bastante geral. A temporalidade da narrativa é aquela que se dá como adequada a uma temporalidade vivida; a temporalidade da performance é, ao contrário, uma temporalidade construída e autônoma; a temporalidade do mito é aquela que traz à narrativa uma instância do fora-do-tempo.

Começarei por um dos filmes mais significativos dos anos 1920, quer dizer, do momento de conjunção entre a experimentação do novo meio cinematográfico e a grande experimentação social chamada revolução. Trata-se do mesmo filme por meio do qual tentei anteriormente definir o que poderia dizer a noção de modernidade e que papel a dança nela tinha: *Um Homem com uma Câmera*, de Dziga Vertov. O cineasta afirma, nesse filme, uma decisão radical quanto ao uso do tempo. Vertov faz um filme sem história a ser contada e sem atores a interpretarem personagens. Em vez disso, propõe uma "experimentação de comunicação cinemática de fatos reais". Comunicar é utilizar-se de linguagem. Mas essa linguagem não é um simples meio para mostrar uma realidade exterior a ela mesma. Se fosse assim, o uso do tempo fílmico não se distinguiria do tempo da história contada. Trata-se de uma linguagem experimental. Suas palavras não dizem a realidade. Elas são realidades, gestos tomados emprestados do cotidiano da vida e do trabalho. A comunicação cinemática não é, portanto, um meio de falar da realidade do comunismo em construção na União Soviética. Ela é um meio de construí-la. Comunicar não é transmitir informações, é ligar realidades. A linguagem cinematográfica constrói a realidade sensível do comunismo ao ligar uma multiplicidade de movimentos. Arranjando em uma só totalidade os movimentos de uma multidão de corpos que se deslocam, de mãos que trabalham ou de engrenagens de máquinas, o cinema cria o tecido sensível da vida nova. A nova língua não é, portanto, simplesmente uma língua das imagens, e a montagem não é simplesmente a arte de aproximar imagens de que fala Godard em *História(s) do Cinema*. A montagem é um meio de aproximar tempos, de colocar em uma mesma sequência temporal uma multiplicidade de usos do tempo e de modos de temporalidade.

Essa construção é operada por Vertov dentro de uma unidade temporal empírica, que é a da jornada. O filme tem por moldura um dia qualquer, indo do despertar matinal às distrações noturnas, passando pelo tempo do trabalho. Poderíamos remeter essa forma, utilizada por diversos outros cineastas de seu tempo, ao gênero documentário. Mas a história de um dia não é a documentação de um dia. É uma estrutura ficcional característica dessa época, ilustrada por duas obras literárias que dificilmente classificaríamos no gênero das reportagens documentais: *Ulysses*, de James Joyce, e *Mrs. Dalloway*, de Virginia Woolf. Além disso, essa estrutura ficcional corresponde a uma revolução na ficção. A lógica ficcional foi, até então, explícita ou taticamente regida pela distinção aristotélica entre dois tipos de temporalidade: de um lado, o tempo da crônica, que descreve as coisas conforme elas acontecem, umas depois das outras; de outro, o tempo da racionalidade ficcional, que nos mostra como as coisas *podem acontecer*. A ordem da marcha do tempo se identifica aí a uma lógica causal. Essa própria distinção entre dois tipos de temporalidade se baseava na oposição entre dois usos do tempo e duas formas de vida: de um lado, o tempo dos homens ditos passivos, que vivem no universo cotidiano das coisas que acontecem umas depois das outras; de outro, o tempo dos homens ditos ativos, que vivem no tempo dos fins projetados e dos meios que eventualmente produzem outros efeitos diferentes daqueles que foram projetados. A nova ficção reivindica, por sua vez, o tempo cotidiano feito de uma multiplicidade de eventos sensíveis microscópicos, todos de igual importância, que ligam a vida de cada indivíduo à grande vida anônima, a qual não conhece nenhuma hierarquia. É por isso que a moldura do dia não troca simplesmente a sucessão empírica de pequenos fatos pelo encadeamento causal de grandes eventos. Mais profundamente, ela troca o tempo da sucessão – que é um tempo hierárquico – pelo tempo igualitário da coexistência.

É essa democracia ficcional que a montagem vertoviana do dia visa transformar em construção do tempo comunista. As atividades arranjadas pela montagem não são uma crônica que acompanha o passar das horas. Trata-se de ligar os movimentos dos corpos, das máquinas e dos gestos manuais tornando-os síncronos por duas operações fundamentais: fragmentando-os em sequências bastante curtas, que são unidades de movimento destacadas de sua finalidade própria, permitindo que passem umas pelas outras a toda velocidade e colocando-as em um mesmo ritmo de conjunto. Essa dupla operação é particularmente sensível na passagem que eu gostaria de comentar e que se situa no meio do filme, como se isolada entre dois episódios que apresentam uma ação contínua: a circulação de uma ambulância e um carro de bombeiros que vão socorrer as vítimas e a circulação de um barco a partir do qual o *cameraman* filma uma central hidrelétrica. Entre esses dois momentos se situa um episódio, de cerca de quatro minutos, que é uma montagem das mais diversas atividades: os cuidados de um salão de beleza ou de um engraxate; o amolar de uma lâmina de barbear e de um machado; os gestos de uma mão que costura ou opera uma máquina de costura; os gestos de uma operária que fabrica, em série, com a ajuda de um molde, diversas embalagens de cigarro; as datilógrafas; as telefonistas e muitas outras atividades, incluindo a do *cameraman* que gira a manivela da câmera e a montadora que corta, raspa e cola o filme.

O que dá unidade a essa sequência temporal, que monta em paralelo atividades separadas e heterogêneas, é o próprio ritmo de sua fragmentação: são quase 120 planos em pouco menos de quatro minutos. O único movimento de câmera presente em toda essa parte parece denunciar sua própria inadequação ao circular, a toda velocidade, entre duas trabalhadoras, como para mostrar *a contrario* que a montagem de fragmentos bem separados é bem mais apta para exprimir o movimento. Um pouco depois, na sequência do Clube Lênin, o filme atingirá a velocidade de 35 planos em 25 segundos, sem falar das superimposições. O uso radical da fragmentação feito aqui convida a um apontamento sobre o sentido de tal procedimento. A fragmentação foi assimilada por alguns autores à perda de experiência constitutiva da modernidade e, por outros, a uma construção autoritária das relações entre imagens e significações, respondendo no mundo da arte ao modelo da divisão taylorista do trabalho. Nenhuma dessas concepções se aplica aqui. A fragmentação não é uma forma de separação que marcaria a perda de sentido. Pelo contrário, ela é a formação de um novo senso comum e o preciso oposto da divisão taylorista do trabalho. Essa divisão decompõe uma tarefa em diversas operações complementares. A montagem vertoviana, ao contrário, apaga todas as diferenças e não se preocupa com qualquer complementaridade. Ela não se ocupa de nos mostrar onde aterrissam as embalagens que a trabalhadora da fábrica de cigarros atira por cima dos ombros, num gesto desenvolto. Ela faz de todas as atividades unidades de movimento idênticas para lhes fundir em um mesmo *continuum* sensível. Para isso, ela as separa ao mesmo tempo da temporalidade definida por seus fins próprios e da hierarquia das formas de vida à qual pertencem. Por isso a operação da manicure que faz as unhas de uma cliente de aparência burguesa, a operação das trabalhadoras de uma fábrica de cigarros, do engraxate de rua ou das funcionárias de uma central telefônica se tornam equivalentes, mesmo que umas pertençam ao velho mundo burguês e outras, ao novo mundo industrial e socialista. Todas essas operações são gestos de mãos que a fragmentação e a aceleração tornam equivalentes. O que é comunista não é a natureza das atividades, mas a natureza de sua ligação, sua capacidade de se fundir umas nas outras como elementos equivalentes de um mesmo movimento geral. A fragmentação não é uma maneira de separar. Pelo contrário: é uma maneira de unir.

Assim o filme pretende responder à tarefa que lhe é imposta pelo tempo em que vive: construindo sensivelmente o tempo comum da vida nova por um uso do tempo cinematográfico que homogeneíza todas as atividades e as faz passar umas pelas outras. Esse é o tempo oposto ao tempo tradicional dos encadeamentos da ficção. Resta saber a qual tipo de temporalidade pertence a unidade assim construída. Ora, há uma forma temporal privilegiada da qual a modernidade estética faz a antítese da velha lógica das histórias: a performance. A performance é o movimento que se dobra e desdobra sobre si mesmo por meio de diversas metamorfoses. Nesse sentido, a construção cinemática do dia soviético é a construção de uma performance. Por isso Vertov integra ostensivamente a esse dia uma atividade bastante específica: a do prestidigitador, produtor de metamorfoses que encantam as crianças. E é sobretudo por isso que a sinfonia do dia se encontra enquadrada em um outro tempo, o do espetáculo cinematográfico. O filme começa em uma sala de cinema, onde as cadeiras se abrem automaticamente para receber os visitantes e a batuta de um maestro dá o sinal para a sinfonia visual começar. Ao fim do filme, retornamos a essa sala na qual vemos os espectadores assistirem a seu dia transformado em performance coletiva. Esses espectadores são, de fato, os "atores" do filme, cujos corpos em movimento, os gestos hábeis e as expressões alegres foram arranjadas na grande sinfonia. A sessão cinematográfica da qual são espectadores é, assim, um meio de remeter a multiplicidade de momentos dessa sinfonia a alguns símbolos do movimento comum: os gestos das telefonistas, que garantem incessantemente conexões novas; o sorriso da trabalhadora de fábrica em superimposição ao movimento da roda de fiar; mas também os gestos da regente e os trompetes, cujas imagens se fundem em uma mesma vertigem visual; as dançarinas, cujos movimentos traduzem o *élan* da sinfonia coletiva; e, sobretudo, uma câmera que sai sozinha de sua caixa e saúda o público para depois retornar à sua caixa. A grande sinfonia unanimista da vida comunista se opõe ao tempo das velhas histórias sentimentais somente ao se identificar, por fim, ao tempo da pura performance que se desdobra e termina por se fechar sobre si.

Essa identificação da nova vida soviética com a alegre sinfonia dos movimentos iguais suscitou diversas críticas. Retenho-me em uma delas apenas, mais precisamente em um filme que, no ano seguinte, faz sua crítica ao filme de Vertov, especialmente ao seu uso do tempo: *A Linha Geral*, de Eisenstein, cujo título original, *O velho e o novo*, opõe claramente dois tempos e duas formas de vida. Nesse filme, Eisenstein ensina a seu colega Vertov que não há uma alegre sinfonia que toma, no mesmo ritmo, os procedimentos dos salões de beleza e da linha de produção fabril. Há um ritmo do mundo antigo e um ritmo do mundo novo. Mas a diferença entre os dois não está onde se poderia pensar. O que diferencia o novo do velho não é o fato de que o novo seja síncrono e mais veloz. O velho não é tanto os antigos métodos agrícolas, mas o delírio de cerimônias religiosas para fazer chover, das genuflexões e do povo que se atira às prostrações. E o novo não são apenas as máquinas, como autômatos perfeitos. Um trator começa a entrar em pane e seu reparo exige que a camponesa Marfa sacrifique sua saia e seu pudor. As máquinas são objetos de amor e de sacrifício. É assim que a célebre separadora de leite se transforma em objeto de adoração eucarística. O tempo novo, diz Eisenstein, não é o das sessões de prestidigitação tão caras a Vertov, mas o das grandes festas orgiásticas resumidas, em seu filme, pelo casamento do touro ou pelo chafariz de leite: transe dionisíaco cuja exaltação se opõe ao movimento que faz os corpos dos fiéis se curvarem ao chão. A linguagem do cinema não é a da performance que se desdobra e redobra, é uma linguagem primitiva que faz comunicar o novo da história em marcha com o imemorial do mito. Ao contrário de Vertov, a montagem de Eisenstein é, de fato, uma dessincronização dos tempos.

É também uma dessincronização que opera, de outra maneira, no cinema hollywoodiano clássico, a "fábrica de sonhos" que compara à fábrica de sonhos soviética. Eu gostaria de mostrá-lo em um filme que, aparentemente, obedece a uma lógica narrativa tradicional. Com um roteiro baseado em um romance de sucesso sobre um grande problema social contemporâneo, esse filme conta uma história estruturada em torno de um personagem principal, vivido por uma estrela do cinema. Trata-se de *As Vinhas da Ira*, produzido em 1940 por John Ford a partir do romance de John Steinbeck. A história narra o êxodo dos fazendeiros de Oklahoma, expulsos de suas terras pelas tempestades de areia (o chamado *dust bowl*) e pela mecanização, e em seguida confrontados, na Califórnia, com a exploração selvagem dos trabalhadores agrícolas pelos *trusts* capitalistas do mercado de frutas. Essa história linear se encontra, de saída, redobrada por outra temporalidade, que podemos ver em ação em um episódio, no começo do filme, na casa em que Tom Joad, recém-saído da prisão e acompanhado do ex-pastor Casy, procura por sua família. Em vez de encontrá-la, Tom se depara com uma casa abandonada onde se abriga um personagem errático, o fazendeiro Muley, que lhe conta como sua fazenda foi destruída pelas máquinas (*caterpillar*).

A longa sequência da narrativa de Muley é centrada em duas imagens do choque: primeiro, o exército de *caterpillars*, que parecem monstros mitológicos; em seguida, a chegada de um personagem ao qual o contra-plongée dá uma dimensão colossal, o motorista de trator com botas de couro e óculos de aviador que vai arrasar a casa de Muley e depois seguir tranquilamente seu caminho. Mas já conhecemos essas imagens, elas parecem uma réplica do exército de máquinas e do herói dos novos tempos celebrado em *A Linha Geral*: o orgulhoso tratorista que demolia, em seu caminho, as barreiras que separavam as propriedades individuais e trazia ao *kolkhoz* a vitória sobre os *kulaks*. Aqui o motorista do trator figura ainda a encarnação de um tempo novo, mas a imagem trocou de campo. O orgulhoso tratorista é o agente do poder anônimo do dinheiro que,

John Ford, *As Vinhas da Ira*, 1940

para expulsar os camponeses de suas terras, chega até a demolir suas casas. Poderíamos comentar longamente essa inversão que transforma o símbolo da liberação, ligado ao tempo do progresso, em símbolo da opressão. No mesmo ano, um autor muito distante do universo hollywoodiano, Walter Benjamin, escreve suas *Teses sobre o conceito de história*, que denunciam o "campo de ruínas" do progresso. Mas o que me interessa aqui é o tipo de temporalidade dentro da qual essa inversão de símbolos intervém e a relação que ela implica entre a história que o filme conta e a História da qual ele presta testemunho. É nessa passagem que o filme introduz uma condensação significativa em relação ao romance, que descreve sinteticamente, em um capítulo, a maneira pela qual essas expulsões ocorrem. Ora, essa história é vista, aqui, pelo olhar de um personagem, Muley. Esse personagem parece ter saído do nada, está nessa casa mergulhada na escuridão onde a chama de uma vela transforma os personagens em aparições fantasmáticas. É um barulho ínfimo que orienta Tom Joad e sua vela até o canto em que se esconde Muley e nos revela seu rosto alucinado, que parece inteiro habitado pela história que viveu. Essa história é evocada por ele numa declamação de ares shakespearianos. Em seguida, um jogo de imagens que se fundem umas nas

Serguei Eisenstein, *A Linha Geral*, 1929

John Ford, *As Vinhas da Ira*, 1940

outras, que parece seguir a direção de seu olhar, relaciona o presente desse diálogo de sombras e a narrativa dos momentos da expulsão, como se víssemos não simplesmente aquilo que Muley diz, mas aquilo que foi impresso, naquele momento, em sua retina. A expulsão dos camponeses que dá à história seu movimento existe apenas no olhar e na palavra alucinados do personagem fantasmático desse pesadelo, um personagem cuja performance guia o desenrolar do filme por sete ou oito minutos e depois desaparece da história.

É como se, com sua performance momentânea, a relação da história com a História fosse cindida em duas. A expulsão é o acontecimento que levará o clã Joad e o ex-pastor até a Califórnia. Mas esse acontecimento só terá existido visualmente como o pesadelo ou o trauma de um indivíduo que não vai embora: o homem atingido pela injustiça, cuja sorte condensa a mesma sorte de todos os que sofreram a mesma violência e que, por isso mesmo, se encontra subtraído às combinações narrativas das histórias esticadas em direção a seu fim. Em certo sentido, os oito minutos que marcam a passagem da História – quer dizer, aqui, a História do capitalismo – pela configuração de um território são como um momento destacado da trama, entregue a um ator coadjuvante que, por esses oito minutos, tomou conta do filme. Mas esse ator coadjuvante, John Qualen, não é qualquer um. Ele mesmo simboliza um momento da história americana e de sua lenda. O ator de origem norueguesa atravessou trinta anos de cinema hollywoodiano desempenhando frequentemente o mesmo papel: o imigrante escandinavo ligado à terra que o novo mundo americano lhe ofereceu. Sete anos antes, Qualen havia atuado no filme *O Pão Nosso*, de King Vidor, obra emblemática da grande esperança dos tempos rooseveltianos, que glorificava uma comunidade agrícola fraternal, a qual oferecia uma vida nova àqueles que foram expulsos das cidades pela crise econômica. O ponto alto do filme é o esforço coletivo para cavar o canal que permitiria a irrigação das terras. Na tensão dos olhares que esperam que a água brote e no entusiasmo provocado por sua irrupção, há quase que uma transposição americana dos roteiros russos do *kolkhoz* vencedor. Ora, o que o ator parece encarnar é o fim desse roteiro ou, se quisermos, dessa conjunção de roteiros. Sua performance singular de homem alucinado conecta a ferida da História a um tempo desde então separado de todo futuro, ao fora-do-tempo do mito. Mas o mito aqui não significa mais, como em Eisenstein, a linguagem primitiva, a linguagem de símbolos que só se separa da ação narrativa para redobrar e magnificar a cavalgada de tratores da vida nova. A visão alucinada de Muley, ao inverter a cena gloriosa do herói do tempo novo, faz do elemento mítico não mais aquilo que celebra a história em curso, mas o que a divide irremediavelmente.

Poderíamos, nesse ponto, confrontar a história de Muley com os roteiros brechtianos que, na mesma época, opõem a dialética da história àqueles que dela padecem passivamente. *As Vinhas da Ira* é contemporâneo de *Mãe Coragem e Seus Filhos*, a história de uma mulher que se recusa a compreender a guerra que a lógica do lucro volta contra os humanos. Nos anos 1950, Barthes resumiu o efeito da peça em uma fórmula célebre: "porque nós vemos Mãe Coragem cega, nós vemos o que ela não vê."[1] É uma outra dialética que nos dá a divisão do tempo em *As Vinhas da Ira*. O fora-do-tempo no qual submerge Muley não é a noite da ignorância e da passividade oposta ao grande dia da luta e da tomada de consciência. É o tempo de uma inscrição do irreparável. Esse tempo parece revogar toda história de salvação, mas é também ele que dá a essas histórias sua radicalidade, a marca do inconciliável. Esse momento separado divide a linha da história contada. De um lado,

---

1. Roland Barthes, "Mãe Coragem Cega". In: *Crítica e Verdade*. Trad. Leyla Perrone-Moisés. São Paulo: Perspectiva, 2007, p. 126.

a história de Tom Joad é a de um camponês expulso de suas terras que vai descobrir nelas, em sua condição de trabalhador do campo, a realidade da luta de classes e a consciência do trabalhador combatente. Mas esse caminho da obscuridade à claridade é duplicado por uma história de sombras que se passa de noite em noite, de claro-escuro em claro-escuro, de alucinação em alucinação. É na noite que Tom reencontrará, mais tarde, numa tenda iluminada pela luz de velas, o ex-pregador Casy, que se tornou líder sindical e logo foi abatido pelos cães de guarda dos patrões. E é na noite que, mesmo ameaçado, Tom dirá adeus à sua mãe, afirmando que dali em diante estará presente de maneira invisível em todos os lugares em que homens e mulheres estejam lutando por dignidade. É aí que o filme deveria terminar. O fim realmente escolhido, o fim otimista no qual a mãe de Tom, no caminhão que carrega o que resta de sua família, afirma sua fé na potência indestrutível do povo, foi, de fato, imposto pelo produtor, Darryl Zanuck. A lógica do filme gravado por Ford transformava o combatente do futuro do povo em uma presença invisível, uma sombra que vai se esconder na noite, a mesma noite da qual, no começo, Muley, emerge por um momento para depois desaparecer para sempre. Esse caminho de noite em noite e de claro-escuro em claro-escuro não vem apagar a violência do testemunho da ferocidade da exploração social. A violência, pelo contrário, é radicalizada pela dimensão mítica conferida ao êxodo dos camponeses despossuídos por esses três corpos alucinados. Esse entrelaçamento de tempos não pode ser pensado no enquadre conceitual de Godard: a oposição entre a imagem, aberta em todas as direções, e a trama, que anula seu potencial de metamorfoses. Em vez disso, a trama cinematográfica é feita da tensão entre diferentes regimes de "imageidade" cujos encontros e choques criam diferentes temporalidades no mesmo *continuum* temporal. O filme narra a luta de classes de duas maneiras: o modelo aristotélico da passagem da ignorância ao saber, mas também a repetição de uma série alucinada de clarões luminosos no meio da noite. Ele narra a luta de classes no descompasso de duas temporalidades que ocupam o mesmo tempo. É por essa duplicação que ele testemunha a História, quer dizer, o que o capitalismo faz aos humanos.

Esse equilíbrio de uma história aparentemente linear, mas animado por afastamentos, estases e vertigens secretas, poderia definir a era clássica do cinema, em oposição à era simbólica – que o filme de Vertov poderia encarnar –, na qual o cinema pretendia construir por seus próprios meios a realidade de um novo mundo sensível. Na tradição hegeliana, o momento clássico é aquele em que a forma e o conteúdo da arte se encontram em adequação. O momento clássico do cinema seria, então, aquele em que ele é capaz de integrar à continuidade do movimento das imagens os afastamentos ou as vertigens de tempo que a contrariam. Ele exprimiria um momento histórico em que as relações de força em ação em uma sociedade são claramente visíveis e interpretáveis. A esse classicismo seríamos tentados a opor, em termos hegelianos, o momento romântico, em que o conteúdo e a forma se separam novamente; ou, em um enquadramento mais contemporâneo, o momento pós-moderno, em que as possibilidades da narrativa sobre a sociedade e a história se encontram avariadas pelos grandes desastres históricos de um século e pela falência das grandes narrativas. Parece-me, no entanto, que esse grande esquema não dá conta dos emaranhados de temporalidade em ação nos filmes que buscam, com a maior acuidade, dar conta de nosso presente. Eu gostaria de mostrar esse ponto a partir de uma sequência de um filme que recoloca, novamente, o velho problema aristotélico entre o tempo da crônica e o tempo da ficção. *Juventude em Marcha* faz parte do conjunto de filmes que Pedro Costa consagra à vida de um pequeno número de imigrantes do Cabo Verde e aos marginais das periferias de Lisboa. Esses filmes parecem testemunhar uma espécie de fim de jogo, na extremidade de uma curva cujo ponto inicial seria definido pela sinfonia vertoviana e cujo ponto médio seria definido pela luta de classes à maneira de John Ford. *Juventude em Marcha* nos mostra, de fato, trabalhadores sem trabalho e sem classe trabalhadora, sem luta de classes e sem esperança de qualquer futuro. A essa existência dos trabalhadores órfãos de qualquer luta de classes parece corresponder o tempo sem história da crônica, que Aristóteles opunha à racionalidade da ficção trágica ou que, mais recentemente, Althusser opunha à racionalidade dialética do teatro. E é o tempo da crônica que parece ser percorrido por Pedro Costa em sua longa jornada por uma favela em demolição e depois pelos cubos brancos em que seus ocupantes são realojados. É essa imersão no cotidiano que parecia simbolizar o título de seu filme precedente, *No Quarto de Vanda*, produto de dois anos passados nesse quarto em que Vanda, sua irmã e seus amigos falam sem parar de sua vida, entre duas sessões de preparação de cocaína. Poderia parecer que *Juventude em Marcha* conforma seu ritmo lento ao tempo ralentado de seus personagens, especialmente de seu personagem principal, o pedreiro cabo-verdiano Ventura. O que vemos são pequenas cenas da vida cotidiana: histórias de trabalho e de acidentes de trabalho, partidas de cartas com o colega Lento, a reunião com o funcionário da prefeitura para conseguir uma habitação social para uma família imaginária, visitas e conversas diversas. Essas cenas parecem banais demais, ancoradas demais no cotidiano para serem qualquer outra coisa além da documentação. No entanto, rapidamente a maneira pela qual essas cenas familiares se sucedem sem aparente conexão põe em dúvida nossa fé no caráter documental do que vemos. Tal episódio, apresentado na indistinção do presente, parece uma reminiscência de um tempo afastado. Uma outra vez, vemos Ventura sair para o trabalho com Lento somente para encontrá-lo, no episódio seguinte, sozinho, vestindo um terno preto, entre dois quadros da fundação Gulbenkian. É uma dessas rupturas no *continuum* temporal que eu gostaria de comentar, me concentrando em um episódio que se situa perto do fim do filme.

O começo dessa sequência opera exemplarmente a alternação entre dois espaços e dois tempos. No começo, Ventura está na rua miserável de uma favela, saindo de uma de suas visitas, e o vemos entrar, para outra visita, no hall de um imóvel social mais novo, mas já degradado. Ele bate a uma porta de superfície descascada que invade a tela. Esse close faz o corte entre os espaços e os

Pedro Costa, *Juventude em Marcha*, 2006

tempos. Do outro lado da porta, não se está na mesma temporalidade. Essa ruptura é marcada pelo caráter cerimonioso dos gestos de seu amigo Lento, que recebe Ventura em um apartamento vazio, com as paredes escurecidas pela fumaça. Ao longo de todo o filme, Lento opõe sua silhueta massiva e obtusa à silhueta negra de Ventura, ao mesmo tempo selvagem e fina. Diante dele, Lento apresenta a figura do trabalhador iletrado e grosseiro ao qual o amigo, em vão, tenta ensinar o texto de uma carta de amor endereçada à amada que ficou no

Cabo Verde. Mas Lento, aqui, se despe do invólucro de trabalhador rude e estúpido para tornar-se um visionário saído da noite, à maneira do iluminado Muley. Ele toma a mão de Ventura, ambos diante da câmera, numa disposição pouco usual para o cinema. Como atores de teatro, o diálogo toma o ritmo de uma salmodia trágica, com suas vozes se alternando. Mais tarde, Lento recitará orgulhosamente a carta de amor que sempre foi incapaz de memorizar. Nesse meio tempo, e no mesmo tom de cerimônia, ele contará como perdeu sua esposa e seus filhos no incêndio que ele mesmo iniciou por desespero diante de sua condição, mostrando como testemunha suas mãos marcadas pelo fogo. "Todas queimadas", diz Ventura. Mas as mãos que vemos não têm qualquer traço de queimadura. Esse desacordo visual é, ele mesmo, brando em relação ao distanciamento narrativo que essa cena impõe ao espectador. Porque o Lento que se viu até aqui não tem mulher ou filhos. E, sobretudo, o espectador já havia visto sua morte, caindo de um poste elétrico ao qual tentava conectar o barraco que dividia com Ventura. A impossibilidade de fazer esse episódio entrar em acordo com os outros, num *continuum* narrativo, impõe ao espectador a compreensão que essa aura aparentemente latente da narrativa até então havia conseguido mascarar: os episódios do filme não são momentos vividos da vida de dois imigrantes, capturados pela câmera. São ficções, mas ficções de um tipo particular: não histórias de personagens imaginados e interpretadas por atores, mas pequenas cenas, à maneira do Brecht de *Terror e Miséria no Terceiro Reich* – cenas que são formas de condensação de sua história e da história de todos os trabalhadores imigrantes que partilham seu destino nas metrópoles do Capital. O que Lento conta não lhe aconteceu. Mas aconteceu, de verdade, a uma família de imigrantes do Cabo Verde durante as filmagens, e sua história se encontra integrada à performance que Ventura e Lento nos oferecem. Eles não fazem isso como atores que vivem um papel. Eles o fazem com seus corpos marcados pelo exílio e pela exploração, corpos que carregam a marca global da condição da qual falam, mesmo que tenha acontecido a outros o que dizem. Isso é válido para os trabalhadores reais de Pedro Costa e para o camponês imaginário de John Ford. Sua performance testemunha a História, quer dizer, o que a colonização e a imigração fizeram aos humanos, na medida em que ela se situa numa espécie de fora-do-tempo. O Lento duas vezes morto que vemos é algo como um morto-vivo, um habitante dos Infernos que volta ao nosso mundo para ser testemunha de infernos presentes no coração desse mundo. É como habitante dos Infernos que ele pode fazer aparecer a vida de todos os que compartilham de sua condição pelo que ela é: uma vida suspensa entre a vida e a morte, uma vida de mortos-vivos. É com uma voz que fala do além da vida que ele pode julgar a trajetória de Ventura, que enfim consegue a carteira de identidade, o seguro social e o alojamento social, o que não acaba com as feridas que a exploração lhe infligiu. Assim, o tempo da performance se entrelaça ao tempo do mito para dizer a passagem da História – quer dizer, do colonialismo e do capitalismo – pelos corpos. Esse entrelaçamento dos tempos quebra o quadro consensual dentro do qual nossas sociedades percebem Ventura, Lento e seus assemelhados. Ele desloca duplamente o lugar que o regime dominante do visível e do dizível designa ao trabalhador imigrante. Por um lado, os imigrantes pobres são mais do que imigrantes pobres: são artistas capazes de transformar sua história em esquetes dos quais são intérpretes. Por outro, eles são menos do que imigrantes pobres: são mortos-vivos, habitantes dos Infernos. Mas essa identidade de mortos-vivos é, ela própria, dupla. De um lado, Lento e Ventura são corpos de mutantes, parecidos com os zumbis, homens-leopardo ou mulheres-gato colocados em cena por Jacques Tourneur, cineasta contemporâneo de John Ford e muito caro a Pedro Costa. De outro, são juízes dos Infernos que vêm julgar os vivos.

Assim a crônica aparentemente familiar da vida dos imigrantes nas periferias de Lisboa se abre, como o grande êxodo de camponeses expulsos de suas terras, a uma radical discordância dos tempos. Mas a narrativa cinematográfica clássica podia integrar o tempo discordante, a marca do irreparável, como um desdobramento quase imperceptível na condução da narrativa. É isso que a história da errância dos imigrantes não parece mais permitir. O fora-do-tempo do irreparável e do mito agora se introduz no coração da crônica. O tempo da exploração que testemunham duplamente, como atores e como corpos portadores da história, proíbe ao filme de se desenrolar como um encadeamento de acontecimentos que progridem de um começo a um fim. Esse tempo proíbe correlativamente toda apropriação da violência que sofreram por uma história que marcha em direção a um futuro. O tribunal dos Infernos que Pedro Costa aqui delineia tomará forma em seu filme seguinte, *Cavalo Dinheiro*, que submete ao julgamento a última grande promessa de emancipação coletiva, a Revolução dos Cravos, cuja face sombria é apresentada na história de Ventura e seus colegas. Não há mais nenhum tempo de evolução histórica que possa acompanhar o tempo dos episódios do filme e prometer uma justiça por vir para a injustiça que essas vozes dizem e que esses corpos mostram. A justiça se expõe como um fora-do-tempo, como o que só pode advir de um fora radical em relação a esse tempo do progresso, que é apenas o tempo do progresso da exploração.

Esses três filmes empregam configurações temporais muito diferentes. Cada uma delas, no entanto, é atravessada por uma ruptura interna, e todas elas marcam um distanciamento do modelo progressivo que a tradição marxista tornou dominante e que frequentemente serviu de critério para julgar a política da arte: o modelo segundo o qual a História funciona, ao mesmo tempo, como instância de verdade que arrazoa os encadeamentos da ficção e como promessa de justiça dos conflitos que ela expõe. O comunista Vertov coloca em cena um tempo da simultaneidade generalizada em que a luta de classes não tem mais lugar, tendo sido substituída pela sinfonia unanimista do movimento. À insígnia da arte tornada vida ele propõe um tempo cujo modelo é, na verdade, o da performance artística. Poderíamos ironicamente aplicar a esse cinema comunista a frase pela qual Marx resumia a posição de Proudhon: "Houve história, mas não há mais." Ford, por sua vez, representa a persistência da luta de classes, mas também seu distanciamento com o cenário progressista de uma história em marcha. Ele duplica uma trama narrativa de luta e de tomada de consciência com uma performance singular que liga o tempo da História ao fora-do-tempo do mito. Ironicamente, é o homem do Capital, o produtor do filme, que remenda o rasgo e termina o filme com uma vitória do povo idêntica à exigência comercial do *happy end*. Em Pedro Costa, a relação entre o tempo da performance e o do mito parece ter devorado inteiramente o tempo da narrativa e parece se afirmar a única coisa capaz de traduzir, hoje, a violência da exploração e a violência da rejeição. O filme mostra uma cisão radical entre cenário de justiça e tempo do progresso, quer se trate de progresso histórico ou progressão da narrativa. Essa cisão se abre em um problema muito maior, que é pensar, hoje, a temporalidade da política. Aqui, me limitarei ao que concerne à temporalidade do filme e sua relação com seu tempo, que testemunha uma terceira forma de ironia. O tempo aqui construído para que os explorados digam o que a dominação lhes fez é um tempo que a indústria do cinema declara incompatível com o das salas de cinema, e que tende a exilar no fora-do-tempo dos museus.

AGRADECIMENTOS

O impulso que deu origem a este livro surgiu após as conferências que proferi em diversos países da ex-Iuguslávia, organizadas por Ivana Momcilovic, amiga e diretora das edições Jugoslavija. Gostaria de agradecer a ela e a todos aqueles que me ajudaram nessa tarefa, especialmente Peter Milat e Leonardo Kovacevic, do Multimedijalni Institut (MaMa) de Zagreb, e Zdravko Vulin e Aleksandar Oparnica, do Student Cultural Center de Novi Sad (SKCNS).

"Tempo, narrativa e política" teve sua primeira versão francesa em maio de 2014 no quadro do Institute of Social Sciences and Humanities da Escópia, a convite de Katerina Kolozova. Uma tradução inglesa desse texto, feita por Drew Burk, foi publicada em 2015 no número 11 da revista *Identities*. O presente texto tem por base uma nova versão inglesa, redigida para uma conferência em janeiro de 2015 no CalArts Institute de Los Angeles, a convite de Martin Plot.

O texto "A modernidade repensada" foi proferido em maio de 2014, em Novi Sad, a convite do SKCNS.

"O momento da dança" foi escrito para o colóquio Dance in/and Theory, organizado em abril de 2014 na Brown University (Providence) por Michelle Clayton e Zachary Sng.

"Momentos cinematográficos" foi apresentado em outubro de 2015 no MaMa (Zagreb) e na universidade de Sarajevo, a convite de Tijana Okic. Uma primeira versão havia sido apresentada em junho de 2015 no festival Cinema Ritrovato de Bolonha.

Todos esses textos foram diversas vezes retrabalhados tanto para a edição original em inglês quanto para a edição francesa.

Agradeço a Peter Milat pela ideia e pela bela tipografia da edição original em inglês. Agradeço, por fim, a Éric Hazan, que teve a iniciativa da edição francesa, bem como a Stella Magliani-Belkacem e Jean Morisot, das edições La Fabrique, por sua atenção amigável ao meu trabalho.

Dados Internacionais de Catalogação na Publicação (CIP)
de acordo com ISBD

R185t   Rancière, Jacques

    Tempos Modernos: Arte, tempo, política / Jacques Rancière ; traduzido por Pedro Taam. - São Paulo : n-1 edições, 2021.   160 p. ; 12cm x 17cm.

    Inclui índice.
    ISBN: 978-65-86941-40-1

    1. Filosofia. 2. Cinema. 3. Dança. 4. Contemporaneidade. I. Taam, Pedro. II. Título.

	CDD 100
2021-1403	CDU 1

Elaborado por Vagner Rodolfo da Silva - CRB-8/9410

Índice para catálogo sistemático
1. Filosofia 100
2. Filosofia 1

n-1

O livro como imagem do mundo é de toda maneira uma ideia insípida. Na verdade não basta dizer Viva o múltiplo, grito de resto difícil de emitir. Nenhuma habilidade tipográfica, lexical ou mesmo sintática será suficiente para fazê-lo ouvir. É preciso fazer o múltiplo, não acrescentando sempre uma dimensão superior, mas, ao contrário, da maneira mais simples, com força de sobriedade, no nível das dimensões de que se dispõe, sempre n-1 (é somente assim que o uno faz parte do múltiplo, estando sempre subtraído dele). Subtrair o único da multiplicidade a ser constituída; escrever a n-1.

Gilles Deleuze e Félix Guattari

n-1edicoes.org